ANDRÉ CAMPOS MESQUITA

FASCISMO

Lafonte

Brasil · 2020

Título – O que é Fascismo
Copyright © Editora Lafonte Ltda. 2020

Todos os direitos reservados.
Nenhuma parte deste livro pode ser reproduzida por quaisquer meios existentes sem autorização por escrito dos editores e detentores dos direitos.

Direção Editorial **Ethel Santaella**
Organização e Revisão **Ciro Mioranza**
Diagramação **Demetrios Cardozo**
Imagem de capa **Art Furnace / Shutterstock**

```
Dados Internacionais de Catalogação na Publicação (CIP)
         (Câmara Brasileira do Livro, SP, Brasil)

   Mesquita, André Campos
      Fascismo / André Campos Mesquita. -- São Paulo :
   Lafonte, 2020.

      ISBN 978-65-5870-021-0

      1. Fascismo 2. Fascismo - História I. Título.

   20-44673                             CDD-320.533
```

Índices para catálogo sistemático:

1. Fascismo : Ciência política   320.533

Cibele Maria Dias - Bibliotecária - CRB-8/9427

Editora Lafonte

Av. Profª Ida Kolb, 551, Casa Verde, CEP 02518-000, São Paulo-SP, Brasil
Tel.: (+55) 11 3855-2100, CEP 02518-000, São Paulo-SP, Brasil
Atendimento ao leitor (+55) 11 3855- 2216 / 11 – 3855 – 2213 – atendimento@editoralafonte.com.br
Venda de livros avulsos (+55) 11 3855- 2216 – vendas@editoralafonte.com.br
Venda de livros no atacado (+55) 11 3855-2275 – atacado@escala.com.br

Impressão e Acabamento
Gráfica Oceano

ÍNDICE

05	Apresentação
08	O significado
21	A pátria
28	O inimigo
35	O líder
47	O mito
53	A conspiração
68	A milícia
93	Conclusão

APRESENTAÇÃO

Você provavelmente já ouviu a anedota – na realidade uma lenda urbana – do sapo na panela de água quente. Essa anedota diz mais ou menos o seguinte: se você colocar um sapo em uma panela de água fervente, ele irá pular, debater-se e tentar escapar. Contudo, se o colocar dentro de uma panela com água fria, e começa o esquentá-la aos poucos, o sapo permanece inerte dentro dela, não percebe que a temperatura está aumentando e, no final, estará cozido quando a panela começar a ferver. Se não é verdade para o sapo[1], a metáfora ao menos funciona para nós quando somos colocados na panela de água do fascismo.

O fascismo nunca se instala no poder de maneira abrupta, mostrando a sua verdadeira face, derrubando a democracia e instaurando uma ditadura. Ele se instala no poder aos poucos, como se estivesse aquecendo a água bem lentamente. O fascismo vai tomando o poder aos poucos, começa com um partido pequeno, vai se apresentando como uma alternativa, compondo alianças,

---

[1] A história não é verdadeira. Quando a água estiver quente a ponto de se tornar insuportável, o sapo irá pular da panela. Por outro lado, o sapo terá pouquíssimas chances de escapar com vida se jogado em uma panela com água fervente. (Inglis-Arkell, Esther. *Frogs are not okay with being slowly boiled alive, metaphors be damned.* GIZMODO, 2014, https://io9.gizmodo.com/frogs-are-not-okay-with-being-slowly-boiled-alive-meta-1493614589)

engajando a população em torno de um ideal, ocupando as estruturas do poder, corroendo a democracia por dentro e quando a temperatura da água está insuportável, ele tampa a panela; instaura uma ditadura. Um regime fascista tenta se perpetuar no poder – durante décadas – e quando ele felizmente sai, os estragos são incontáveis como se viu. O país leva anos para se reerguer, a economia e as instituições foram destruídas.

O que diferencia o fascismo da analogia com o sapo, é que o sapo está sendo enganado. O indivíduo, que adere ao fascismo, não. Porque, de certa maneira, o fascismo representa os anseios mais íntimos de uma parcela da população. Aquela parcela que se sente preterida e esquecida pelos governos, que acredita estar perdendo privilégios, que se ressente de sua posição na sociedade, que se imagina invadida e desprotegida; mas que, acima de tudo, não acredita mais na democracia. O líder fascista percebe esses sentimentos. Ele capta esses desejos e os incorpora a seus discursos. Esses discursos transformam as frustrações em ódio, o outro em inimigo; e prometem "devolver" tudo aquilo que foi tirado, trazendo de volta um passado de glórias que, na realidade, jamais ocorreu.

Para alguns indivíduos, o fascismo não é consciente. Um indivíduo de inclinações fascistas geralmente não percebe uma unidade entre os sentimentos de frustração, perda de direitos e invasão que tem em si. Esses sentimentos estão fragmentados no imaginário do indivíduo;

fragmentados em um conjunto aparentemente disperso de discursos, crenças e atitudes.

Foucault escreveu, em *Introdução à vida não-fascista*[2], que o fascismo é o maior inimigo, o adversário estratégico: "Não apenas o fascismo histórico, aquele de Hitler e de Mussolini – que foi capaz de mobilizar e utilizar o desejo das massas de maneira tão efetiva –, mas o fascismo que está em nós todos, em nossas mentes e em nossa vida cotidiana, o fascismo que nos faz amar o poder, desejar esta coisa real que nos domina e nos explora."

Se você se identificar com alguns elementos dessa leitura, não se sinta mal. O autoconhecimento é também entender os sentimentos ruins que habitam em nós. Alguns, no entanto, podem estar tão profundamente mergulhados na panela do fascismo, que irão negar o que existe de fascismo em seus sentimentos. Serão refratárias a ideias contrárias àquelas que costuma ouvir e concordar com elas.

A minha aposta é de que esses que começarem a se identificar com o que estão lendo aqui irão abandonar a leitura. O fascismo não gosta de ser confrontado em seus ideais, em suas ilusões, em suas crenças. Assim, pessoas que se sentem de certo modo atraídas por fascismos de toda espécie preferem não ter de enfrentar aquilo que contraria suas convicções.

---

[2] FOUCALT, Michel, Preface. in: DELEUZE, Gilles, GUATTARI, Felix - *Anti-Oedipus. Capitalism and Schizophrenia* – Univ. of Minnesota Press, 1983, p. XIII

O fascismo tem uma metodologia de ação difusa e fragmentada. A maioria dos métodos que esse movimento emprega já foi ou ainda é utilizada por outros regimes. Desse modo, se você reconhecer os mesmos métodos dos fascistas em outros movimentos e isso não estiver mencionado nesse livro, não é porque eu estaria omitindo informações para dizer que o fascismo é melhor ou pior do que algum outro regime. Trata-se apenas de uma maneira de manter o foco no assunto de um livro introdutório.

Os exemplos e menções feitos neste livro serão apenas de líderes, governos, movimentos e partidos notoriamente reconhecidos como fascistas ou que se autodenominam fascistas. Embora se possa identificar em diversos líderes atuais ou recentes características semelhantes às aqui relacionadas aos fascistas, não é objetivo deste livro fazer esse tipo de associação, que fica a critério do leitor.

No decorrer deste texto, vamos citar diversos exemplos de atitudes e ações tomadas por Hitler e seus seguidores. Mas espere! Hitler não era nazista? Sim, é verdade. Entretanto, o nazismo é uma versão do fascismo; ele se diferencia do fascismo por colocar o Estado a serviço de um alegado racismo científico, com o objetivo de promover uma "limpeza étnica". É comum até que se reúnam ambos com a expressão nazifascismo.

O SIGNIFICADO

Você já presenciou uma discussão política em que alguém chamou uma pessoa, governo ou governante de fascista? Caso a sua resposta seja afirmativa, percebeu que evidentemente não se tratava de um elogio, mas de uma injúria; ao menos quem a fez acredita estar fazendo grave acusação.

Vamos entender o que alguém que chama o outro de fascista quer dizer. Um jovem em uma manifestação antifascista chamou um político de fascista durante uma entrevista para um site na internet. Quando perguntado por um entrevistador "o que era um fascista", o jovem ficou tenso, se enrolou e respondeu sem muita certeza que fascistas eram políticos autoritários e contrários aos interesses da população. O entrevistador tinha claramente a intenção de fazer parecer que o manifestante não sabia o que era fascismo. Mas o jovem, entre gaguejadas e pausas, se saiu bem.

A pergunta não tem de fato uma resposta simples; e o entrevistador sabia disso quando tentou colocar o manifestante contra a parede. O fato é que quando atualmente alguém chama o outro de fascista, nas condições em que o jovem se referia a um político do século XX, o que está sendo dito é muito claro. Não quer dizer que ele é um partidário do fascismo dos anos 1920 e que segue os ideais de Benito Mussolini. O manifestante estava ofendendo o político ao enquadrá-lo na categoria de fascista, equiparando-o a políticos historicamente odiados. Se o manifestante chamasse o político de "cavalo", isso seria uma alusão ao fato de que ele é truculento como um cavalo e não de que ele é literalmente um equino. Assim, ao menos nesse caso, podemos entender o conteúdo ofensivo desse termo.

Isso decorre do fato de que, assim como a palavra nazista, a expressão fascista serve para qualificar ou incluir o injuriado em uma categoria de indivíduos notoriamente odiados. A palavra fascismo tem origem na expressão *fasci*, do latim *fasces,* em português feixe. Trata-se de uma alusão à machadinha dos antigos romanos, composta por diversos feixes, amarrados por tiras com uma lâmina fixada. Os feixes ou gravetos sozinhos podem se quebrar facilmente, mas quando unidos em um único instrumento tornam-se fortes e difíceis de serem quebrados. O sentido que há nessa analogia é de que os elementos da sociedade, quando tomados de maneira independente, podem estar fragilizados, mas se estiverem todos unidos, se tornam fortes e poderosos como o machado romano.

Não é objetivo deste livro definir um uso correto para essa expressão, mas entender um pouco sobre o que foi e o que é o fascismo. Se ele foi um momento na história ou se ele continua a existir.

É possível encontrar ainda hoje pessoas que se sentem à vontade e até, de certo modo, orgulhosas em se dizer fascistas. No documentário *Fascismo na Itália: os fascistas hipster tentando trazer Mussolini de volta ao mainstream*[3],

---

3 Disponível no Youtube: *Fascism in Italy: The hipster fascists trying to bring Mussolini back into the mainstream*.

o repórter pergunta a um jovem membro do partido político italiano Casa Pound se ele é fascista. O jovem orgulhoso responde que "sim". Esse rapaz, assim como diversos outros, faz parte de uma onda de grupos de extrema-direita e conservadores, que se reconhecem como fascistas.

O fascismo se difunde mais comumente em um ambiente generalizado de descrença da população nos governos. Uma parcela significativa da população não se sente representada, acha o governo corrupto, e muitas vezes ele realmente é, e se sente desprivilegiada em relação a grupos minoritários.

O *Front National* da França e *o Danish People's Party* (Partido do Povo Dinamarquês) receberam mais de 25 por cento dos votos em seus respectivos países em 2014, elegendo uma quantidade considerável de membros para o Parlamento Europeu. Na Grécia e na Hungria, os grupos fascistas Golden Dawn e Jobbik têm um número elevado de filiados.[4]

O que para alguns pode parecer uma ofensa, para outros é motivo de orgulho. O filósofo brasileiro Leandro Konder afirma que:

> Por seu alto teor explosivo, a palavra "fascista" tem sido frequentemente usada como arma na luta política. É compreensível que isso ocorra. Para efeito de agitação, é normal que a esquerda se sirva dela como epíteto injurio-

---

Link: https://www.youtube.com/watch?v=l3x-ge4w46E

4 *What Are the Fascist Countries Today?* Link: https://www.reference.com/world-view/fascist-countries-today-ac9ac75f624f8773

so contra a direita. No entanto, esse uso exclusivamente agitacional pode impedir a esquerda, em determinadas circunstâncias, de utilizar o conceito com o necessário rigor científico e de extrair do seu emprego, então, todas as vantagens políticas de uma análise realista e diferenciada dos movimentos das forças que lhe são adversas.[5]

O fascismo é um movimento político da extrema direita. Esquerda e direita não devem ser pensadas como lugares no campo político bem determinados, mas como uma escala na qual se distribuem diversos posicionamentos políticos; uma das pontas é ocupada pela esquerda mais radical e a ponta oposta pela direita mais radical. É nesse ponto que está situado o fascismo. Entre os movimentos políticos de direita, ele está entre os mais radicais. Benoit e Laver[6] entendem que a gradação que existe entre esquerda e direita pode ser entendida pela relação com tipo de política econômica adotada, mais especificamente no conflito que há entre menor tributação e maior gasto público; ou entre a regulamentação e desregulamentação de negócios e indústria; Mussolini e Hitler irão transitar entres os dois lados, ora aumentando gastos públicos, ora promovendo privatizações e desregulamentação.

A escala esquerda-direita pode ser vista como tendo influência na política externa e de defesa em questões

---

5 KONDER, Leandro. *Introdução ao fascismo*. São Paulo: Expressão Popular, 2009.

6 BENOIT, Kenneth and Laver, Michael (2006) *Party policy in modern democracies*. Routledge research in comparative politics.Routledge, London, UK.ISBN 9780415368322.

como gastos militares, ajuda externa e negociações com organizações internacionais, como as Nações Unidas; os partidos mais à extrema direita costumam ser mais nacionalistas e antiglobalistas; esse é o caso do fascismo. Também pode ser visto como tendo a ver com política "social" em questões como aborto, direitos dos homossexuais e eutanásia, que costumam ser associadas – ao menos no Brasil ainda é assim – a pautas da esquerda; o fascismo é por natureza, como veremos, homofóbico, machista, racista, contrário ao aborto e ao divórcio.

Edda Saccomani aponta três significados para o termo fascismo. O primeiro deles faz referência ao núcleo histórico original, ou seja, fascismo italiano; o segundo diz respeito ao nacional-socialismo alemão; e o terceiro, e mais abrangente, diz respeito a todos os movimentos ou regimes que compartilham com aquele conjunto de características ideológicas, critérios de organização e finalidades políticas. Esse último significado para o termo fascismo tem, segundo Saccomani, "contornos tão indefinidos, que se tornou difícil sua utilização com propósitos científicos"[7].

O que reafirma o fascismo como

> [...] um sistema autoritário de dominação que é caracterizado: pela monopolização da representação política por parte de um partido único de massa, hierarquicamente organizado; por uma ideologia fun-

---

[7] SACCOMANI, Edda. *Fascismo*. In: BOBBIO, Norberto et. al. *Dicionário de política*. 11ª ed. Brasília: UnB, 1998, p. 466-475

dada no culto do chefe, na exaltação da coletividade nacional, no desprezo dos valores do individualismo liberal e no ideal da colaboração de classes, em oposição frontal ao socialismo e ao comunismo, dentro de um sistema de tipo corporativo [...][8]

O fascismo estabelece uma relação um tanto quanto contraditória com as estruturas governamentais vigentes. Ao mesmo tempo em que se aproxima da ordem política estabelecida, sua ascensão ao poder tem o intuito de derrubar essa ordem, estabelecendo um governo totalitário e antidemocrático.

Todavia, o fascismo não entra em rota de colisão com a democracia nos primeiros momentos de sua escalada ao poder. Ele se alia às classes dominantes, se apodera de seu discurso, se mostra como alternativa para os socialistas para, em seguida, colocar as elites sob o seu poder. O fascismo é, de acordo com Konder,

> [...] uma tendência que surge na fase imperialista do capitalismo, que procura se fortalecer nas condições de implantação do capitalismo monopolista de Estado, exprimindo-se através de uma política favorável à crescente concentração do capital; é um movimento político de conteúdo social conservador, que se disfarça sob uma máscara "modernizadora", guiado pela ideologia de um pragmatismo radical, servindo-se de mitos irra-

---

[8] IDEM.

cionalistas e conciliando-os com procedimentos racionalistas-formais de tipo manipulatório.

O fascismo de Mussolini tinha como política econômica um capitalismo monopolista totalitário. As grandes indústrias se mantinham como empresas privadas nas mãos da elite burguesa, os movimentos operários eram mantidos sob controle estatal e havia uma proteção do estado para a indústria nacional[9]. O governo fascista de Mussolini colocava o estado a serviço da elite empresarial, usando a força para conter os trabalhadores e garantir o monopólio. Com o tempo, isso fazia com que as indústrias criassem uma dependência tão grande do estado, que empresários passavam a ver a sua sobrevivência atrelada à permanência do fascismo no poder. As elites estabelecidas acabam sendo substituídas por uma elite fascista ativista.

Os setores conservadores foram dos primeiros a aderir ao fascismo. O biógrafo de Mussolini, Pierre Milza[10], afirma que instituições socialmente conservadoras e politicamente à direita como a polícia e o exército se sentiam confortáveis com a evolução do regime fascista. O exército permitiu inclusive que a propaganda doutrinária fascista entrasse nos quartéis e aceitou passivamente se subordinar a Mussolini, um ex-militar de baixa patente,

---

9 SASSOON, Donald. *Mussolini e a ascensão do fascismo*. Trad. De Clovis Marques. São Paulo: Agir, 2009, p. 115.

10 MILZA, Pierre. *Mussolini*, Editora Nova Fronteira, 2011, Edição para Kindle, l. 597

completamente "desprovido de competência militar".[11]

A definição de Konder nos coloca diante de um catálogo de características que buscam determinar o que é o fascismo. Para Konder, o fascismo não é uma organização ou grupo político, mas uma tendência ou um movimento político. O fascismo não tem uma paternidade tão claramente definida e não seria possível dizer que Mussolini fora o seu grande idealizador, mas que ele foi um produto dessa tendência e um dos que, no início do século XX, melhor captou os sentimentos dessa tendência. O fascismo tem, contudo, uma gênese que o separa de movimentos anteriores com características similares. Ele é uma tendência que, segundo Konder, se situa na fase imperialista do capitalismo; sua expressão política é favorável a uma crescente concentração de capital.

O cientista político e historiador americano Robert Paxton define o fascismo como

> [...] uma forma de conduta política caracterizada por uma preocupação obsessiva com o declínio da comunidade, humilhação ou vitimização, e por cultos compensatórios de unidade, energia e pureza, nos quais um partido com uma base de massa de militantes nacionalistas comprometidos, trabalhando em uma colaboração incômoda mas eficaz com as elites tradicionais, abandona as liberdades democráticas e persegue

---

11 IDEM.

com violência redentora e sem limitações éticas ou legais objetivos de limpeza interna e expansão externa.[12]

O fascismo lida com sentimentos que capta entre uma parcela da população, com a ideia de que essa comunidade está em franca decadência e que suas tradições vêm perdendo espaço, diante de novos valores e multiculturalismo.

Uma crise econômica tem um impacto geral na sociedade, mas aqueles mais afetados são geralmenteos cidadãos das classes mais pobres. As classes médias também sofrem um impacto de crises, mas de uma dimensão menor que as classes pobres e bem maior que as classes mais ricas. Essa parcela da população, em geral a classe média e pequena burguesia, tem uma percepção de que está perdendo seu status social, e passa a se enxergar como vítima das minorias, dos imigrantes, das elites etc. Esses indivíduos compõem a base para que o fascismo se levante. O líder fascista fala diretamente a essa classe; ele mesmo é oriundo dela. "A política fascista se alimenta da sensação de vitimização e ressentimento causada pela perda do status hierárquico".[13]

A filósofa alemã Hannah Arendt, em sua obra *As origens do totalitarismo*[14], afirma que – diferentemente de outros regimes opressores, como o despotismo, a ditadura e a tirania –, o totalitarismo não faz uso do terror e

---

12 PAXTON, Robert O. *Anatomía del fascismo*. Capitán Swing, 2019, p. 412.

13 STANLEY, Jason. *Como funciona o fascismo*. Porto Alegre: L&PM, 2018, Edição do Kindle, l. 804-806

14 ARENDT, Hannah, *Origens do totalitarismo*. São Paulo: Companhia das Letras, 2012.

do medo para controlar a sua população e conduzi-la à apatia, à despolitização e à obediência. O totalitarismo promove o engajamento da população em torno de uma ideologia dominante. Essa ideologia é a ideologia do Estado. Por essa razão, existe a necessidade sempre do reforço sobre a existência de um inimigo poderoso e ameaçador e uma intensa máquina de propaganda, além de um controle da imprensa e dos meios de comunicação de massa em geral. O fascismo é por essência um regime autoritário, e não apenas uma ditadura. De modo resumido, tanto o regime autoritário fascista quanto as ditaduras que não são fascistas concentram poderes na mão de poucos e restringem as liberdades individuais. Essas formas de governo são fundamentalmente contrárias à democracia, é exigida a obediência máxima da população em relação ao poder instaurado, mas o fascista ascende ao poder captando os anseios de uma parte significativa da população.

O médico e psicanalista austríaco Wilhelm Reich afirmava que o "fascismo nada mais é do que a expressão politicamente organizada da estrutura do caráter do homem médio, uma estrutura que não está ligada a certas raças ou nações, nem a certos partidos, mas é geral e internacional"[15]. O fascismo não surge como uma política que domina e controla o povo de cima para baixo. Ele é a expressão dos anseios e do desejo de uma parcela da po-

---

15 REICH, W. *Psicologia de Massas do Fascismo*. São Paulo: Martins Fontes, 2001, p. 11.

pulação, a quem Reich chama de *kleinen Mann*. Essa expressão pode ser traduzida literalmente como *o homem pequeno*, ou o *homenzinho*, no sentido de homem vulgar; no Brasil, os tradutores de Reich costumam traduzir a expressão como Zé Ninguém:

> A mentalidade fascista é a mentalidade do "Zé Ninguém", que é subjugado, sedento de autoridade e, ao mesmo tempo, revoltado. Não é por acaso que todos os ditadores fascistas são oriundos do ambiente reacionário do "Zé Ninguém". O magnata industrial e o militarista feudal não fazem mais do que aproveitar-se deste fato social para os seus próprios fins, depois de ele se ter desenvolvido no domínio da repressão generalizada dos impulsos vitais. Sob a forma de fascismo, a civilização autoritária e mecanicista colhe no "Zé Ninguém" reprimido nada mais do que aquilo que ele semeou nas massas de seres humanos subjugados, por meio do misticismo, militarismo e automatismo durante séculos.

O fascismo seria então, para Reich, o resultado de todas as reações irracionais do caráter do *kleinen Mann*.

Os filósofos franceses Gilles Deleuze e Pierre-Félix Guattari[16] retomam Reich e afirmam que aqueles que aderem ao fascismo não o fazem porque foram iludidos ou enganados por um líder ou uma falsa consciência, mas porque desejaram o fascismo; o desejo fascista tem

---

16 DELEUZE, Gilles; GUATTARI, Félix. *O anti-Édipo: capitalismo e esquizofrenia*. ed. 34, 2010.

sua própria consistência e se dissemina sob determinadas condições sociais, econômicas e políticas. Sem que uma parcela substancial da população se encarregue de fazer o serviço sujo, e se encarregue das funções de repressão, de controle, de polícia, o fascismo não tem eficácia. O filósofo Michel Foucault[17] afirma que o fascismo nunca foi inteiramente original; mas que tomou elementos e compreendeu mecanismos de poder que já haviam existido anteriormente. Iremos, por exemplo, encontrar elementos da Contrarreforma incorporados pelo fascismo, como anti-iluminismo, o desejo de retorno a um passado glorioso, entre outros.

Por isso, conforme Foucault[18], o fascismo não é uma ditadura. As ditaduras são baseadas em um estado forte que oprime e controla a população; no fascismo a parcela majoritária da população está engajada e atua para reprimir as parcelas minoritárias. Esse engajamento se dá por meio de um conjunto de sentimentos que Paxton[19] chama de paixões mobilizadoras.

Entre essas paixões mobilizadoras está o sentimento de uma crise iminente e sem precedentes que irá se abater sobre todos. Essa crise não pode ser resolvida pelos meios tradicionais. Há ainda a crença de que um seg-

---

17 FOUCAULT, Michel. *Dits et écrits*. 1954-1988. III 1976-1979. Édition de Daniel Defert, François Ewald e Jacques Lagrange. Paris: Gallimard, 1994, p. 134.

18 IDEM.

19 PAXTON, p. 413.

mento específico da população deve prevalecer sobre os demais. Aqui temos duas ideias que se encontram, a noção de superioridade étnica ou moral e o sentimento de injustiça e perda de direitos. Esse sentimento é percebido pela classe média ou pela pequena burguesia. Esse grupo se considera ao mesmo tempo aqueles que são guardiões da moral e das "verdadeiras" tradições e preteridos em relação a uma suposta "primazia" de direitos concedidos a grupos que sempre haviam estado na marginalidade.

A classe média e a pequena burguesia se percebem como próximas a uma decadência e buscam uma integração em torno da autoridade de um líder que seria a único habilitado a reconduzir esse grupo ao lugar que lhes é de direito e de onde essas classes se sentem excluídas pela ascensão de alguns grupos minoritários.

Como se vê, é particularmente difícil definir o fascismo, principalmente por seu caráter difuso. O objetivo último do fascista é o poder, especialmente a concentração do poder; ele costuma ser de uma maneira até chegar ao poder e, de outra, para se firmar no poder.

A PÁTRIA

O fascismo se caracteriza por um nacionalismo exclusivista e xenófobo. É esse sentimento que produz um dos inimigos relevantes da ideologia fascista: o imigrante.

Os imigrantes são vistos pelo ideário fascista como não pertencentes à nação. Passam a representar um papel de antagonistas na narrativa nazifascista e tornam-se o alvo preferencial dos discursos de ódio. A totalidade dos novos grupos neofascistas que surgiram na Europa nos últimos anos tem o imigrante como um inimigo declarado.[20] Esses estrangeiros não necessariamente são pessoas vindas de outro país, podem ser um indivíduo nascido no país, mas que tenha ascendência estrangeira.

> Na retórica de nacionalistas extremos, esse passado glorioso foi perdido pela humilhação provocada pelo globalismo, pelo cosmopolitismo liberal e pelo respeito por "valores universais", como a igualdade. Esses valores, supostamente, enfraqueceram a nação diante de desafios reais e ameaçadores para sua existência.[21]

A visão de nação do fascismo é invariavelmente irreal e mítica, evocando elementos de um imaginário compartilhado sobre um momento de soberania e prosperidade de um passado que nunca existiu. Isso torna possível aos fascistas se entenderem como pertencentes a essa nação mítica, julgando-se legítimos herdeiros usurpados de sua nação por invasores estrangeiros. O sentimento de que esses "reais herdeiros" teriam sido destituídos de seu lugar de direito por forças que buscavam subjugá-los fre-

---

20 MINKENBERG, Michael. *The European Radical Right and Xenophobia in West and East: Trends, Patterns and Challenges* in: *Right-Wing In Europe Extremism: Country Analyses, Counter-Strategies and Labor-Market Oriented Exit Strategies*: https://publikationen.uni-tuebingen.de/xmlui/bitstream/handle/10900/64182/10031.pdf?sequence=1&isAllowed=y#page=11

21 STANLEY, I. 119-120.

quentemente acaba deslizando para o racismo: "A ideologia fascista rejeita o pluralismo e a tolerância. Na política fascista, todos na nação escolhida compartilham uma religião e um modo de vida, um conjunto de costumes."[22]

Os pesquisadores Magne Flemmen e Mike Savage entrevistaram britânicos brancos de meia-idade e demonstraram, em uma pesquisa publicada em 2017, que embora nenhum deles se considere abertamente racista, uma minoria substancial dos entrevistados tinha sentimentos ambivalentes com potencial a serem mobilizados em direções racistas.[23]

Não há fascista sem discurso extremamente patriótico e nacionalista. O fascista é um inimigo da internacionalização e nisso ele se opõe frontalmente aos comunistas, que são essencialmente internacionalistas. Enquanto, esses últimos defendem extinção de fronteiras e extinção das nações, os fascistas defendem o fechamento de suas fronteiras a estrangeiros, a defesa da produção nacional e a exaltação dos símbolos pátrios.

O partido fascista italiano Casa Pound[24] é anti-imigração e quer a saída da Itália do União Europeia; eles são fundamentalmente antiglobalistas. O globalismo é antagonizado em todos os discursos de partidos fascistas contemporâneos. Eles veem o globalismo como uma ten-

---

22 IDEM.

23 FLEMMEN, Magne e SAVAGE, Mike *The politics of nationalism and white racism in the UK*. Volume 68, Issue S1, Special Issue: The Trump/Brexit Moment: Causes and Consequences, November 2017, Pages S233-S264.

24 https://www.casapounditalia.org/

tativa de destruir os valores e de desvirtuar a pureza étnica em seus países, o que acabaria causando a destruição das tradições desses países.

Como os *fasci di combattimento* de Mussolini não tinham programa político definido, eles apenas vomitavam "impropérios pretensamente patrióticos contra os inimigos [...]".[25] Os fascistas italianos, em especial os camisas-negras, se apropriaram dos símbolos nacionais e associaram o uso da bandeira italiana, hinos, uniformes do exército ao fascismo.[26] Ostentar uma bandeira nacional acabava sendo captado e associado como um apoio ao fascismo e a seu líder. Na Finlândia, "usar uma camisa estampada com o símbolo nacional – o leão e a cruz – era comum no passado, mas seu uso hoje está fortemente associado a grupos xenófobos".[27]

O discurso patriótico é um dos elementos que compõem o objetivo principal do líder fascista, ascender ao poder e concentrá-lo em suas mãos. Ao que tudo indica, Mussolini não era realmente um patriota. Ele apenas emprega o discurso do patriotismo como um meio de promover engajamento e conectar a multidão que o seguia a um ideal comum.

Quando Mussolini é deposto e aprisionado na Itália e em seguida libertado por Hitler e reconduzido ao po-

---

25 KONDER, p. 17.

26 SASSOON, p. 49.

27 STUENKEL, Oliver. É preciso resgatar da extrema direita os símbolos nacionais, El País, 15 de junho de 2019: https://brasil.elpais.com/brasil/2019/06/12/opinion/1560348817_282472.html

der[28] – nas áreas da Itália ocupadas pelo exército nazista –, ele se mostra uma figura extremamente subserviente aos interesses alemães, mesmo que nunca deixe de lado a sua retórica nacionalista.[29] O líder fascista pode se mostrar com discurso engajado com a pátria, mas governar priorizando outra nação mais poderosa. Uma nação que possa lhe garantir a permanência no poder, como era o caso de Hitler para Mussolini.

Ideologicamente, o fascismo se apoia no nacionalismo e no sentimento de que a nação está sob uma iminente ameaça externa. Um trabalhador deve se sentir sempre sob a ameaça de que um estrangeiro possa vir a ocupar o seu lugar. Diante dessa perspectiva, esse trabalhador deve acreditar que o que está em jogo não é apenas a perda do emprego, mas a ideia de que alguém o irá substituir em seu papel social; alguém virá tomar o seu lugar. Normalmente, em uma sociedade industrial capitalista a ameaça de que um operário pode tomar o emprego do outro é real e faz parte do processo de pressão que o industrial faz sobre o operário para negociar seu pagamento.

O proprietário de uma empresa privada pode trocar um funcionário de sua fábrica por outro, se assim quiser. Vamos supor que ele encontre algum profissional que seja mais competente, aceite um salário menor, aceite uma

---

28 PAXTON, p. 317.

29 MILZA, I. 257.

jornada de trabalho maior, etc. O funcionário que perde o seu emprego pode se considerar injustiçado e não gostar de ser trocado por outro, mas irá considerar esse processo como algo ilegítimo. Então porque essa mesma lógica não funciona para outro que venha de outro país? Ou mais especificamente, para outro que venha de um país pobre?

A simples ideia de que um imigrante de um país pobre venha a ocupar um posto de trabalho em uma empresa privada, ocupando a vaga que poderia ser de um profissional local, é motivo de constantes revoltas. O que leva um indivíduo a considerar que um posto de trabalho em uma empresa privada de propriedade de um conterrâneo seu, instalada em seu país, pertence mais a si do que a um imigrante?

Por que a lógica meritocrata de que o mais competente deve ocupar o posto de trabalho não vale para um trabalhador não-branco, não-cristão ou oriundo de um país pobre? A repulsa ao imigrante por parte dos nacionalistas quase nunca tem como alvo o homem branco que vem de um país rico.

O nacionalismo exacerbado tem como fim último o racismo. Para o sociólogo Júlio Roberto de Souza Pinto,[30] nacionalismo e racismo têm uma relação de mútua determinação. O sociólogo nos convida a pensar sobre a expressão "nação". Ela tem um significado, mas o seu

---

30 Pinto, Júlio Roberto de Souza. *Relação entre nacionalismo e racismo é de mútua determinação*. Congresso em Foco, 19 ago. 2020: https://congressoemfoco.uol.com.br/opiniao/forum/relacao-entre-nacionalismo-e-racismo-e-de-mutua-determinacao/

significante, ou seja, aquilo que ela significa, é vazio.

A comunidade cultural e política que a expressão "nação" designa é uma construção imaginária, para Souza Pinto. Desse modo, o sentido da palavra nação é dado com base no que se fala (ou se enuncia) em relação a ela. O sentido dessa expressão é resultado de uma construção discursiva. Ou seja: é o conjunto de enunciados em que a palavra nação parece que determina o seu significado; e não um objeto material no mundo que nos diz o que a expressão significa.

A palavra "nação" não existe em si mesma. Para existir, é necessário que alguém a empregue como parte de um enunciado. Ou melhor: ela precisa ser dita ou escrita por alguém em algum contexto; e ela precisa ser compreendida por alguém que escuta ou lê e compreende o contexto em que ela é dita ou escrita.

Sempre que é dita por um nacionalista, a palavra nação aparecerá cercada de palavras recorrentes em seus discursos que dão a noção de coisa valorosa, que precisa ser protegida, palavras que vão construindo o imaginário de sentidos sobre esse termo. Reich propõe um exercício, sempre que ouvir de um fascista a palavra nação:

> Quando se ouve um indivíduo fascista, de qualquer tendência, insistir em apregoar a "honra da nação" (em vez da honra do homem) ou a "salvação da sagrada família e da raça" (em vez da sociedade de trabalhadores); quando o fascista procura se evidenciar, recorrendo a toda a espécie de chavões, pergunte-se a

ele, em público, com calma e serenidade, apenas isto: "O que você faz, na prática, para alimentar esta nação, sem arruinar outras nações? O que você faz, como médico, contra as doenças crônicas; como educador, pelo bem-estar das crianças; como economista, contra a pobreza; como assistente social, contra o cansaço das mães de prole numerosa; como arquiteto, pela promoção da higiene habitacional? E agora, em vez da conversa fiada de costume, dê respostas concretas e práticas, ou, então, cale-se!"[31]

O INIMIGO

O comunista, o refugiado, o judeu e quem quer que coloque em dúvida as qualidades e competências do líder fascista é um inimigo. O fascismo não existe sem os seus inimigos. Primeiramente, porque ele não é um modelo centrado na racionalidade, mas pautado pela ação. Não existe debate, mas enfrentamento. Em segundo lugar, justamente por não ser pautado na racionalidade, o fascismo precisa apresentar soluções simples para todos os problemas, sejam eles simples ou complexos.

O que chamo aqui de inimigo é o que a antropóloga Adriana Dias chama de o "outro conveniente":

> O ódio construído sobre três elementos – crença numa supremacia "natural" – se o branco não vence

---

31 Reich, W. *Psicologia de Massas do Fascismo.* São Paulo: Martins Fontes, 2001, p. 14.

é porque foi sabotado; a criação de um "Outro conveniente" para assumir a culpa pelo próprio fracasso; e culto da masculinidade – desaloja qualquer possibilidade de diálogo. Há apenas paranoia: o povo branco vive em diáspora, visto que seus inimigos tomaram seu lugar para produzir seu genocídio. É uma resolução da incerteza pela violência.[32]

O discurso nazifascista precisa de um inimigo para fazer sentido. Ele repercute a ideia de que existe um inimigo poderoso, um inimigo interno, mas também internacional, que está infiltrado nas esferas mais altas do poder e que ameaça destruir a nação e seus valores. Os principais alvos de Mussolini foram as pessoas de esquerda, os comunistas e socialistas, os sindicalistas e, sobretudo, grupos minoritários[33]. Quem eram essas minorias? Para um fascista, esses grupos minoritários poderiam ser os judeus, os negros, os homossexuais.

Os inimigos eleitos pelo nazifascismo são pessoas reais, embora as características que lhes são atribuídas sejam invariavelmente falsas. Ele não é apenas o inimigo, mas o exato oposto daquilo que o fascista diz ser. Se o fascista se diz puro; logo, seu inimigo é impuro; se o fascista se diz honesto, o inimigo é corrupto; se o fascista se diz leal, o inimigo é traiçoeiro; se o fascista se diz bom, o inimigo é mau.

---

32 DIAS, Adriana. *Neonazismos – Ódio e Sentido*. Artigo, _Dossiê 192, Revista ComCiência. 9 de outubro de 2017 link: http://www.comciencia.br/neonazismos-odio-e-sentido/

33 MILZA, I. 5697

Esse inimigo deveria ter uma característica necessária: devia pertencer a um grupo, a uma etnia, a uma religião. Não se trata de um país que é seu adversário em uma guerra. Quando Hitler invadiu e ocupou a França, seu objetivo era conquistar o país e subjugá-lo à Alemanha. Uma vez que a França fosse conquistada e derrotada, a guerra contra os franceses teria fim. Com os judeus era diferente, a guerra de Hitler contra os judeus duraria até que o último deles fosse exterminado, assim como os comunistas, socialistas, ciganos e homossexuais. Mussolini tencionava promover uma "limpeza étnica" na Etiópia depois de invadi-la em 1936.[34]

Tanto Hitler quanto Mussolini associavam seus inimigos às estruturas mais altas do poder; nos discursos do nazifascismo, o judeu, o socialista e o comunista eram extremamente poderosos e tinham um plano de dominação global. Hitler unia judeus e comunistas em uma só teoria da conspiração; para ele o comunismo era obra dos judeus para dominar o mundo:

> Devemos enxergar no bolchevismo russo a tentativa do judaísmo, no século vinte, de apoderar-se do domínio do mundo, justamente da mesma maneira por que, em outros períodos da história, ele procurou, por outros meios, embora intimamente parecidos, atingir os mesmos objetivos. A sua aspiração tem raízes na sua maneira de ser.[35]

---

34 IBDEM.

35 HITLER, Adolf. *Minha luta*. São Paulo, Ed. Moraes, 1983, p.279.

Hitler afirmava que a aspiração dos judeus em dominar o mundo era tão forte que isso fazia parte do seu ser, que ele não poderia mudar nunca. Uma clara indicação de que seu plano seria o de elaborar uma política de extermínio. Hitler foi nomeado chanceler em 1933; seu livro *Mein Kampf* foi editado em 1925 e suas mais de 400 páginas são um conjunto interminável de delírios, ameaças, bravatas, ressentimentos e teorias sem fundamentos ou evidências. É apavorante que uma pessoa que tenha escrito tais disparates tenha chegado ao poder. Uma parte significativa das atrocidades cometidas pelos nazistas poderia ter sido antecipada com uma leitura do livro de Hitler. Relevar o perigo das declarações que um fascista diz ou escreve antes de chegar ao poder é altamente imprudente e, infelizmente, recorrente. Hitler também pretendia criminalizar o comunismo (bolchevismo): "Como é possível explicar ao trabalhador alemão que o bolchevismo é um crime horroroso contra a humanidade, se o governo se alia a esse produto do inferno, reconhecendo-o oficialmente?"[36]

O inimigo a ser combatido pelo fascista sempre é acusado de tentar destruir, desvirtuar ou desviar a nação do seu verdadeiro objetivo. O bolchevismo ou comunismo é constantemente acusado de destruir os valores e as tradições das nações[37].

---

36 IDEM, p. 279
37 IDEM, p. 264

Os discursos de Hitler e Mussolini reiteravam sempre a ideia de que o inimigo poderoso precisava ser combatido a todo custo. Ambos se colocavam como sendo os mais capacitados para salvar a nação; ou seja: como aquele que é o único que pode liderar o povo na cruzada contra o bolchevismo, o judaísmo, o socialismo ou o comunismo.

Uma característica do "outro conveniente" eleito pelo fascista é que ele é visto como uma figura que está infiltrada em todas as esferas do poder. Segundo o ideário fascista, o inimigo está na estrutura burocrática, nas grandes empresas, no capital financeiro, nas escolas, etc. Isso justifica a ocupação e o aparelhamento que o estado assume, depois que os fascistas ascendem ao poder. Além disso, segundo o discurso fascista, os seus antagonistas não agem dentro da lei, não têm regras nem respeitam as estruturas democráticas. O que de certo modo justifica reações drásticas e autoritárias dos nazifascistas.

O ideal de construção desse inimigo poderoso está em consonância com a ideia do passado glorioso. O hipotético passado glorioso da nação teria sido destruído ou deturpado pela ação do grande inimigo. Essas duas ideias se nutrem mutuamente no imaginário dos seguidores dos fascistas. O objetivo último é engajamento da população em defesa do seu líder e no combate a esse suposto inimigo.

Qualquer um que fizesse oposição a Mussolini era logo enquadrado na categoria de comunista e denunciado. Essa denúncia replica sistematicamente no Partido

Socialista Italiano, que é denunciado por Mussolini como "uma força antinacional, uma organização comprometida com os inimigos da Itália no confronto geral 'entre a nação e a antinação'"[38] Ele afirma que "o Partido Socialista é um exército russo acampado na Itália"[39]

O mito fascista do inimigo poderoso funciona também como um argumento de que as liberdades individuais devem ser cada vez mais reduzidas. Se o inimigo é poderoso e difuso, então ele está embrenhado e infiltrado em todo estado, em toda escola, toda faculdade, todo sindicato etc. Por essa razão, existe a necessidade de que toda atividade seja constantemente vigiada. Esse papel não é restrito ao aparato estatal, mas é exercido pelas milícias fascistas e pela população em geral, que é incentivada a denunciar e entregar todo aquele que exerça atividades suspeitas, como participar ou organizar grupos de resistência ao governo ou mesmo dar abrigo e proteção a indivíduos ou famílias judaicas. Saber de alguma dessas atividades e não denunciar era visto como traição e a punição tinha o mesmo rigor da punição aos inimigos do estado nazifascista.

Tudo isso servia ainda para manter a população engajada e fiel ao ideal do líder fascista. Sob a vigilância constante de todos, todo desvio de cada indivíduo em relação ao ideal fascista pode ser enquadrado como uma deban-

---

38 KONDER, p. 17.

39 IBDEM.

dada desse indivíduo para o lado do inimigo, o que fazia também com que uma parcela da população acabasse se comprometendo cada vez mais com as doutrinas do fascismo com medo de ser eventualmente confundido com o inimigo do regime fascista. Qualquer pessoa que não manifestasse publicamente o seu ódio aos judeus na Alemanha hitlerista poderia ser colocado sob suspeita.

Uma vez que ações drásticas e repressivas passam a ser toleradas pela população, cada vez mais o regime fascista passará a adotar punições exemplares contra aqueles eleitos como inimigos do regime:

> [...] com o Duce [Mussolini] criando e destruindo reputações ao sabor de seus caprichos, de seu gosto pessoal – longe de ser dos mais elevados – das pressões exercidas por "modernistas" e "tradicionalistas" e de seu desejo de promover um "estilo" adequado ao mesmo tempo à ideologia oficial do regime e à vontade de poder de seu chefe.[40]

As atitudes radicais contra os adversários do fascismo não ocorrem de modo abrupto. Elas vão se intensificando e se tornando cada vez mais extremas na medida em que o regime vai aumentando o seu poder sobre a população. Quando a Segunda Guerra eclodiu, Mussolini passou a deixar claro de que ele precisava de mais poder para combater os inimigos da nação fascista, tanto os inimigos internos quanto os inimigos externos. Ele afirmava

---

40 MILZA, I. 2027-2029.

que a burocracia do estado o impossibilitava de governar e agir.[41] Discursos como esse sempre provocam um desequilíbrio na relação entre os poderes, terminando por concentrar o poder nas mãos do executivo:

> Os cidadãos se tornam mais inclinados a tolerar, e mesmo endossar, medidas autoritárias quando temem por sua própria segurança. E não são apenas os cidadãos médios que respondem dessa maneira. Juízes se mostram notoriamente relutantes em obstruir investidas do poder Executivo em meio a crises, quando há a percepção de que a segurança nacional está em risco.[42]

Uma vez que o suposto inimigo está infiltrado em todas as estruturas, ele eventualmente pode estar infiltrado também nos outros poderes. As ações do líder fascista que entram em conflito com outros poderes tendem a ser alardeadas pelos seguidores dos fascistas como um avanço sobre o regime do inimigo infiltrado no executivo ou no legislativo. O desejo do líder fascista, que ocupa essencialmente o Poder Executivo, é subjugar as outras estruturas de poder, minando a democracia e caminhando em direção ao autoritarismo.

O LÍDER

A primeira coisa e talvez a mais importante de todas a se dizer sobre o líder fascista é a de que ele nunca é o ar-

---

41 IDEM. l. 3967.

42 LEVITSKY, Steven; ZIBLATT, Daniel. *Como as democracias morrem*. Zahar, 2018. Edição do Kindle. l. 3223-3224.

quiteto do fascismo, ele é um produto do fascismo. Um produto natural sem o qual o fascismo não pode existir, mas ainda assim um produto.

Os discursos de ódio materializados por Hitler em *Mein Kampf* e por Mussolini em seus discursos não eram coisas originais, que foram inventadas por esses dois líderes fascistas, mas ideologias que estavam presentes e dispersas na sociedade. Esses fascistas eram tomados por essa ideologia e a enunciavam captando a atenção de quem ouvia e mesmo inconscientemente se identificava com ela.

O sujeito, mais ou menos consciente, quando diz ou escreve alguma coisa, está sempre filiado a uma ou mais posições ideológicas. Tudo o que ele diz ou escreve poderia ser dito ou escrito de uma forma diferente. O que faz com que se escolha uma das maneiras de dizer é a ideologia à qual se está submetido. Não se fala e não se escreve nada fora da ideologia. Todavia, ao afirmar que não se fala fora da ideologia não implica ignorar a consciência, mas sim em não tomar a consciência como senhora dos nossos dizeres.

Isso funciona tanto para quem fala quanto para quem escuta. Quem fala é tocado por uma ideologia porque se reconhece nela, aquele que escuta – concorde ou não – também está imerso em ideologias; e essas ideologias são parte da compreensão no processo de comunicação.

O fascista faz seu discurso juntando coisas que ouviu aqui e ali. Sua ideologia funciona como uma espécie de filtro, que deixa passar para a fala do fascista apenas aquilo que está em conformidade com ela. Quando produz o seu discurso, o fascista dá uma unidade àquelas ideias que estavam aparentemente dispersas na fala de diversas pessoas.

O líder fascista é o sujeito que vai colocar as ideologias que captou nos pensamentos e ideias que já estavam por aí organizadas em um discurso. Por esse motivo, vai haver quem concorde com ele. Konder afirma que os historiadores e biógrafos que "supervalorizam a importância dos fatores pessoais na ação de Hitler e de Mussolini" foram, de certo modo, confundidos pelo que os aparelhos fascistas de propaganda queriam difundir durante o governo de ambos.

Mein Kampf é um catálogo de argumentos do senso comum fascista repetidos *ad nauseam*. Ler esse livro nos possibilita perceber como Hitler deu uma unidade àquelas ideologias. Por mais que seja confortável pensar o contrário, nenhum fascista cometeu seus crimes de modo solitário, sem que um grupo grande que o apoiasse, porque concordava com ele. Dizer que essas pessoas foram iludidas é contar apenas uma parte da história. Porque, no íntimo, essas pessoas concordaram com um ponto ou outro do que foi expresso pelos líderes fascistas.

Quando alguém diz: "Eu não gosto desse político, mas até que ele fala umas verdades", isso acontece porque a pessoa se reconhece no discurso radical do político fascista, mas tem pudores de se identificar com esse político. Entretanto, de alguma forma os discursos do fascista tocaram ressentimentos e frustrações nos quais a pessoa se reconheceu. Quanto mais pessoas se identificarem com aquilo que o político fascista diz, mais a pessoa se sentirá confortável em assumir que concorda com aqueles discursos.

O líder fascista é um sujeito de maneiras rudes e anti-intelectual. Ele não fala como os políticos tradicionais, mas como um sujeito comum. E nesse ponto ele se assemelha aos políticos populistas. O pesquisador do Museu do Holocausto em Israel, Avraham Milgram[43], considera um erro confundir o político populista com o fascista, embora existam semelhanças entre ambos. Populistas não formam milícias ou grupos paramilitares para eliminar seus inimigos e proteger o seu governo.

O líder fascista é uma espécie de espelho do *kleinen Mann* ou homem médio. O seu discurso reproduz a frustração e o ressentimento daqueles que se acham merecedores de um lugar entre as elites, mas se sentem excluídos e preteridos. O fascista é um indivíduo ressentido e que canaliza as suas frustrações contra as instituições, das quais nunca fez parte. O fascista fala em nome do *kleinen Mann*, a quem ele chama de "o povo". Os fascistas querem sempre fazer crer que eles são os represen-

---

43 IDOETA, Paula Adamo. *Por que confundir populistas com fascistas é um equivoco, segundo pesquisador do Holocausto em Israel.* Da BBC News Brasil. 20 abril 2019. Link: https://www.bbc.com/portuguese/internacional-47938554

tantes dos anseios mais puros da nação que comandam, quando, na realidade, representam apenas uma parcela da população. Como o fascista governa apenas para a sua base, ele toma a parte pelo todo; quando ele empregava os termos "nação" e "pátria" era a essa parcela da população a que ele se referia.

Os discursos de Hitler e Mussolini apelavam para uma simplicidade objetiva e não apresentavam raciocínios complexos. O linguajar dos discursos era simples, composto basicamente por frases de efeito, informações falsas e mentiras que mexiam com as angústias da população. Eles procuravam abordar questões complexas como desemprego e recessão econômica, propondo soluções simplistas. No geral, valorizavam aquilo que chamavam "seu povo", exagerando as suas qualidades, afirmando que eles eram vítimas dos "poderosos" comunistas ou judeus. As propostas de resolução para todos os problemas eram mais do que simplistas, consistiam basicamente em conclamar a ação violenta contra esses supostos inimigos antes que fosse tarde demais. O estado era visto como burocrático, corrupto, lento e ineficiente para combater essa "urgência". Por essa razão, o fascista troca a noção de estado pelo ideal de nação ou pátria. Os fascistas seriam, então, os únicos capazes de enfrentar esses "inimigos" e conduzir a nação ao seu verdadeiro destino.

Líder fascista é identificado com o homem da família patriarcal. Ele se apresenta para a nação identificado com a figura do pai provedor e protetor. Stanley ressalta o papel fundamental da família para a ideologia fascista:

> [...] o líder fascista é análogo ao pai patriarcal, o "CEO" da família tradicional. O papel do pai na família patriarcal é proteger a mãe e os filhos. Atacar mulheres trans e apresentar o temido outro como uma ameaça à masculinidade da nação são maneiras de colocar a própria ideia de masculinidade no centro da atenção política, introduzindo gradualmente ideais fascistas de hierarquia e dominação pelo poder físico na esfera pública.[44]

Além da xenofobia, do anticomunismo e do antissemitismo, o machismo e a homofobia são componentes basilares da ideologia fascista. Hitler consegue unificar tudo em uma única grande conspiração em *Mein Kampf*: "A bolchevização da Alemanha, isto é, a exterminação da cultura do nosso povo e a consequente pressão sobre o trabalho alemão por parte dos capitalistas judeus é apenas o primeiro passo para a conquista do mundo por essa raça." Para ele, os judeus haviam criado o comunismo para conquistar o mundo e para destruir os valores e a cultura dos alemães, promovendo a destruição e degeneração da família.

O líder fascista é a expressão do homem médio. Se ele é militar como Hitler, não é um militar de alta patente. Se ele é um jornalista ou um político como Mussolini, ele não é um líder partidário de tradição política, mas um

---

44 STANLEY, l. 1680-1682.

político menor, de um partido pequeno. É por essa razão que o homem médio se identifica com esse líder fascista. É como se ele próprio se visse no poder.

Logo que chegou ao poder, em 31 de outubro de 1922, Mussolini não se tornou ditador nem deu um golpe de estado. Na realidade, ele se propôs a fazer uma espécie de governo de coalizão, principalmente porque o seu partido tinha uma bancada muito pequena. Sem uma boa base de apoio, seu governo ficaria estagnado.

Embora ele tenha sido um sujeito que mudou de ideia e de discurso o tempo todo, defendendo as ideias que melhor lhe convinham, Mussolini era visto como alguém de pulso firme, íntegro e de palavra pelos seus seguidores. A sua tática era ir aumentando seu poder aos poucos. Isso era facilitado por aqueles que não o tomavam como um político sério ou perigoso. Os liberais achavam que usariam Mussolini para afastar os comunistas e logo voltariam ao poder. É comum que, até que chegue ao poder, o líder fascista não seja levado a sério. Ele é visto como um político menor, anedótico ou o militar de baixo escalão com discurso ultrarradical. Como o fascismo aparece em momentos de grande descrença na democracia e no sistema político, o líder fascista se aproveita disso para se apresentar como alguém novo, alguém que está fora das esferas políticas. Ele é em geral alguém anti-establishment.

O nacionalismo do fascismo é essencialmente patriarcal. Seu projeto para a sociedade se pauta pelo controle autoritário e recuperação das tradições de um passado mítico masculino e branco. A imposição de um papel de submissão à mulher é um elemento necessário para esse projeto. As mulheres na sociedade moderna são vistas como tendo sido desviadas de sua verdadeira "essência" e do lugar que deveriam ocupar na ordem natural das relações de gênero. Para o fascismo, a família patriarcal ocupa um papel central na construção de uma nação branca, pois o aumento das populações brancas é o meio pelo qual eles conquistam o domínio demográfico.[45]

Na ideologia e na propaganda fascista, cria-se uma confusão proposital do líder com a pátria ou com a nação. Qualquer oposição contra o fascista é tomada também como uma oposição à pátria e contra o seu projeto de nação. A sobrevivência do fascismo depende do engajamento da parcela da população que o apoia, por isso precisa convencer a todos esses de que o líder é "o escolhido", o único capaz de liderar a nação para o futuro glorioso e ao mesmo tempo de volta aos tempos áureos e às tradições. Qualquer crítica dirigida ao líder é entendida no interior da ideologia fascista como uma atitude antipatriótica. O fascista busca se apropriar da pátria e de seus símbolos. Nação e pátria são sempre termos comuns nas falas dos fascistas. Os seus opositores nunca são patriotas ou ainda são inimigos da pátria, são clas-

---

45 BURLEY, Shane. *Fascism Today: What It Is and How to End It*. AK Press, 2017, Edição do Kindle l.1676-1678.

sificados como comunistas e devem ser banidos do país ou exterminados.

A propaganda fascista se empenha para apresentar o líder fascista diante da população como uma pessoa infalível, que tem sempre razão e está sempre certo. Por essa razão esses líderes são tão refratários a assumir responsabilidades sobre fracassos. Isso pode colocar em questão a sua capacidade de liderança.

O líder fascista busca sucessivamente assumir as glórias por tudo o que é bem sucedido – ainda que não tenha tido a sua participação – e negar veementemente a sua culpa em qualquer fracasso. Se alguma adversidade acontece em seu governo, ele busca responsabilizar outras estruturas de poder que o tenham impedido de realizar a ação mais correta, retomando a retórica de que deveria ter mais poder para governar.

O pavor de Mussolini de um novo fracasso italiano na segunda tentativa de invadir a Abissínia (Etiópia), agora em seu governo, era tão grande que ele ordenou que o exército italiano abandonasse as regras da Convenção de Genebra, assinadas pela Itália em 1925, e fizesse uso de toda e qualquer forma de subterfúgio para vencer o conflito, como usar bombas incendiárias e gás mostarda sobre toda a população etíope: "Durante dez dias, a aviação italiana cobriu os soldados do Negus com bombas incendiárias e gás mostarda. Os feridos que se arrastavam até a beira do lago para se refrescar ou beber encontravam apenas uma massa líquida de iperita e morriam em meio a sofrimentos atrozes."[46]

Mussolini sabia que um fracasso no conflito – repetindo o fiasco da campanha italiana entre 1895 e 1896 – representaria um abalo irrecuperável para sua imagem. Diante do medo de falhar, aquele que se dizia um homem honrado e guardião das virtudes civilizadoras da romanidade[47] se comportou como um verdadeiro covarde, truculento e desumano, quebrando tratados estabelecidos e cometendo as piores atrocidades contra a população etíope. Essa era, como se saberá mais tarde, a verdadeira natureza do fascismo.

Em suas últimas entrevistas concedidas, depois de ter sido reconduzido ao poder por Hitler, Mussolini procurava se eximir mesmo da responsabilidade do assassinato do socialista italiano Giacomo Matteotti, do qual ele havia sido claramente o mandante. Afirmava que teria sido ele o único a prestar socorro à viúva e aos filhos de Matteotti. Nessas entrevistas, Mussolini tenta o tempo todo se esquivar de toda e qualquer culpa, valorizando seu passado e responsabilizando todos que o cercavam pelas falhas de seu regime.

A inversão da realidade no discurso fascista é uma constante. O fascista sempre se diz de mãos atadas por cau-

---

46 MILZA, I. 4225-4226
47 IBDEM.

sa da atuação dos outros poderes, perseguido pela imprensa e por seus opositores. Além de não se responsabilizar por seus atos e fracassos, ele os usa para questionar a divisão de poderes, a liberdade de imprensa e os direitos políticos.

O incêndio criminoso do Reichstag, prédio onde funciona o parlamento federal da Alemanha, em 27 de fevereiro de 1933, ainda é objeto de especulações. O general nazista Franz Halder, no entanto, afirmou sob juramento, em Nuremberg, que o incêndio havia sido tramado pelo líder do Partido Nazista, Hermann Wilhelm Göring, e executado por correligionários do partido. Halder afirma que Göring falava abertamente sobre o assunto e, inclusive, se gabava de seu feito.[48]

Fato é que Hitler culpou os comunistas pelo incêndio e anunciou, sem apresentar absolutamente nenhuma evidência, que o incidente seria parte de um plano de dominação comunista que estaria em andamento. Ele se aproveitou da ocasião para constranger o então presidente Hindenburg a assinar um decreto que suspendia a maioria das liberdades civis na Alemanha, incluindo liberdade de expressão e liberdade de imprensa, proibindo reuniões públicas, quebrando o sigilo do correio e do telefone. Isso permitiu que as milícias nazistas perseguissem jornalistas e opositores. Membros do Partido Comunista e pessoas associadas a ele foram presos. Com

---

[48] SHIRER, William L. *The Rise and Fall of the Third Reich*, Simon & Schuster, 1960.

o Partido Comunista na ilegalidade, os nazistas conseguiram aumentar a sua participação no congresso e aumentar significativamente o seu poder nas eleições de 5 de março de 1933.

Uma característica dos líderes autoritários é a adoção de um título pelo qual é reconhecido na multidão. Quando estava em público, Mussolini era saudado pela multidão com o hino,[49] e sua claque o exaltava com gritos "Duce! Duce! Duce!"[50] A expressão *Duce* pela qual Mussolini ficou conhecido é um título italiano. Sua etimologia remonta à palavra latina *dux*, que pode ser traduzida por líder.

Hitler adotara uma expressão similar para si: *Führer*. A palavra teoricamente significaria também líder, guia, ou aquele que lidera. A expressão era usada antes de Hitler para designar uma posição de comando no exército.

O ditador português Salazar era chamado durante o seu governo de "O Salvador da Pátria"[51]. A lista de déspotas, que ficaram conhecidos por denominações que lhes atribuem virtudes ou grandeza, é extensa. Um fascista é sempre reconhecido por seus seguidores por algo que venha a enaltecer a sua personalidade, podendo ser um título, uma alcunha ou um apelido.

---

49 GUNDLE, Stephen. *The Cult of the Duce: Mussolini and the Italians.* Manchester University Press; Illustrated, 2013.
50 MILZA, I. 4354-4355.
51 RAIMUNDO, Orlando. *O Último Salazarista - A outra face de Américo Thomaz.* Leya, 2017.

O MITO

Nós criamos o nosso mito. O mito é uma fé, uma paixão. Não é necessário que ele seja uma realidade... Nosso mito é a nação, nosso mito é a grandeza da nação! E a esse mito, essa grandeza, que queremos transformar numa realidade total, subordinamos tudo.
– Benito Mussolini [52]

O que um fascista está falando quando fala sobre as tradições? Já sabemos que essa tradição está sempre conectada abertamente à ideia de família patriarcal, e que esse é o elemento mais precioso da tradição fascista; em torno desse ideal o fascismo constrói o seu mito. A família patriarcal é o elemento a ser protegido e preservado da ação do inimigo ou do "outro conveniente" do fascista, pois a destruição desse elemento implica a destruição daquilo que ele chama nação.

A família branca e patriarcal faz parte do projeto de expansão da nação branca. O fascista entra em uma disputa ideológica inclusive pelo sentido da palavra família; somente podem receber essa denominação as uniões entre um homem e uma mulher. A família patriarcal e racialmente homogênea, para o fascista, é a única que pode ser chamada de família; é a única que deve existir.

---

52 STANLEY, I.130-132.

O fascismo não pode conviver com a ideia de que possa haver famílias diferentes daquela que ele idealiza como sendo a verdadeira. A mera existência de uma família que não tem o homem como provedor e chefe da estrutura familiar, ou não é formada por um casal heterossexual não pode conviver com família de tradição fascista. Só a existência já é vista como tentativa de destruir e desvirtuar a estrutura tradicional. A homossexualidade sempre é objeto de ódio dos fascistas. Não é entendida como um ato de liberdade do indivíduo que tem sua orientação sexual, ao contrário, é vista como um ataque ou uma tentativa de destruição da única e verdadeira estrutura familiar. Por essa razão, fascistas e ultraconservadores costumam ser extremamente violentos e repressivos contra os homossexuais.

Stanley menciona a reportagem da jornalista Masha Gessen sobre um encontro de ultraconservadores, denominado Congresso Internacional da Família: "Inspirados pelo enorme comparecimento, os organizadores transformaram o Congresso Mundial das Famílias numa organização permanente dedicada à luta contra os direitos dos homossexuais, contra o direito ao aborto e contra estudos de gênero".[53]

A base de sustentação da família tradicional no discurso do fascista encontra apoio também na tradição

---

53 STANLEY, I. 609-610.

religiosa. A religiosidade é uma componente indispensável para o estabelecimento das tradições imaginárias do fascismo e está também em perigo e precisa ser salva das forças adversárias que atuam no intuito de destruir as tradições, devendo ser por isso preservada e receber a proteção do Estado.

Outro elemento constante no discurso fascista é a evocação de um passado glorioso. Esse passado glorioso seria um momento em que as tradições prevaleciam e a prosperidade imperava.

O controle sobre o casamento também é objeto de disputa para os fascistas.

Em uma passagem do documentário *Fascismo na Itália: os fascistas hipster tentando trazer Mussolini de volta ao mainstream*[54], durante uma visita à sede do Partido fascista italiano Casa Pound, a anfitriã exibe pequenos apartamentos, no prédio do Partido, destinados a abrigar famílias de membros do partido. Ela apresenta com orgulho os espaços compartilhados no edifício, mostrando como o Partido apoia jovens casais que não têm onde morar e constituir família. O entrevistador então pergunta: "Se um membro do Partido se casar com uma imigrante, ele pode vir morar aqui?" A anfitriã responde com uma expressão de horror: – Claro que não!

---

54 Disponível no Youtube: *Fascism in Italy: The hipster fascists trying to bring Mussolini back into the mainstream*. Link: https://www.youtube.com/watch?v=l3x-ge4w46E

A política fascista despreza todo e qualquer relacionamento entre pessoas que não se enquadre em seus padrões de orientação sexual e racial. Em 1938, Mussolini estabeleceu na Itália sua legislação racial que, além de tirar dos judeus o direito à cidadania, proibia não-judeus italianos de manterem relações sexuais com judeus.

Os fascistas acreditam em uma mitologia, que contam para si mesmos, de que seus antepassados teriam constituído famílias em que havia uma homogeneidade racial, liderada pelo marido e organizada patriarcalmente[55]. Como dizia Mussolini, o mito é uma fé e não precisa ser uma realidade. Os mitos tradicionais do fascista não estão relacionados a um passado real, mas a um passado glorioso e imaginário. Por essa razão, o fascista precisa negar constantemente a história e reconstruí-la para colocá-la a serviço dos seus interesses. A história em um estado fascista é sempre objeto de disputa. Quando ela contraria seus mitos, é contestada e acusam seus inimigos de ter deturpado a história para apagar o passado glorioso do imaginário fascista. Konder afirma que os fascistas se servem de mitos irracionalistas, que são conciliados a procedimentos racionalistas-formais de tipo manipulatório[56]. Ou seja: o mito irracional da família racialmente homogênea e patriarcal é a base para um procedimento

---

[55] BURLEY. I. 2056-2059.
[56] KONDER, p. 14.

formal que estabelece quais seriam os relacionamentos legítimos. Esse modelo de família se inspirava, no imaginário fascista, na família da Antiguidade clássica.

O culto à Antiguidade clássica, em que os fascistas apoiavam sua mitologia e seu totalitarismo, não vinha diretamente da leitura de clássicos como Virgílio, Ovídio ou Cícero, mas a partir de uma livre interpretação da história da Antiguidade feita por um filósofo diletante ultraconservador do início do século XX, chamado Julius Evola. Antes de se arriscar na filosofia, o guru intelectual do fascismo havia se interessado pelos estudos esotéricos, espirituais e transcendentais; e seus primeiros trabalhos envolviam leituras sobre alquimia e ocultismo.

Ele nunca abandonaria inteiramente o esoterismo, todavia iria se dedicar a elaborar a sua filosofia, que sintetizou na obra *Sintesi di dottrina della razza*[57]. Evola afirmava que a cultura e os valores ocidentais estavam ameaçados de desaparecer. Só que isso não era resultado das ideias iluministas e do liberalismo – como outros conservadores acreditavam; para Julius Evola, iluminismo e liberalismo eram os sintomas da decadência do Ocidente e não a causa. Em sua "teoria", o Império Romano teria sido o auge da civilização e cultura Ocidental, e o seu desaparecimento era o início dessa decadência. Evola não acreditava que a principal causa do declínio de Roma eram as invasões

---

57 MILZA, I. 2976-2981.

bárbaras. Elas também só teriam sido possíveis, graças à verdadeira e única causa, que teria corroído o Império Romano por dentro: a miscigenação entre cristãos e judeus.

Evola propunha uma conversão total ao "tradicionalismo", que implicava no retorno ao que ele chamava de "verdadeiras tradições da cultura clássica" com o objetivo de salvar a cultura Ocidental. Isso implicaria no retorno das pessoas a seus papéis naturais na sociedade e um retorno aos papéis tradicionais de gênero[58]. Para ele, o papel de homens e mulheres na sociedade deveriam ser determinados por suas qualidades naturais distintas e indissociáveis de suas constituições físicas: as mulheres são mães, domésticas e responsáveis por cuidar da alimentação e desenvolvimento dos filhos e os homens são guerreiros. O feminismo e a homossexualidade deveriam ser combatidos, pois afastavam homens e mulheres dos papéis aos quais tinham sido destinados por natureza.

Mussolini era um entusiasta do pensamento de Evola, adotou "tradicionalismo" como uma de suas bandeiras, trouxe de volta vários elementos da simbologia dos antigos romanos. Embora Evola seja um autor extremamente periférico para a história do pensamento Ocidental e sua ideia de filosofia não passe de uma grande teoria da conspiração, foi ele quem organizou em ideias as demandas do nazifascismo e lhes deu o seu mito.

---

58 BURLEY. l. 2075-2077.

A CONSPIRAÇÃO

Se, como vimos anteriormente, a "base filosófica" do fascismo era uma teoria sem fundamento para responsabilizar os judeus pela queda do Império Romano e pela decadência da cultura Ocidental, o que se seguiria daí não tinha limites.

Os fascistas dependiam das teorias da conspiração para manter os ânimos de seus seguidores, e mantê-los engajados com a sua causa. Mas como pode uma pessoa acreditar em algo que tem pouca possibilidade de ser verdade? O que claramente não tem como ser verdade? O primeiro passo para acreditar em uma teoria da conspiração é já ter acreditado em outra teoria da conspiração.

As teorias da conspiração dos fascistas não são, em seu aspecto geral, muito criativas. Elas sempre repetem o mesmo esquema:

- Há um grupo muito poderoso que está em todas as instituições, que domina o capital mundial, a mídia, as instituições e que tem como objetivo destruir a cultura e a civilização ocidental;
- O objetivo desse grupo é destruir o conjunto de valores ocidentais, cristãos, impondo uma mentalidade degenerada com fim último de destruir a civilização ocidental e dominar o mundo;
- Esse grupo todo-poderoso é sujo, traiçoeiro, ardiloso e não respeita as leis; logo, o contra-ataque não pode se pautar pela lei e deve ser radical e violento;

- Contra o inimigo vale tudo; vale acabar com a democracia, destruir o equilíbrio entre os poderes; tudo isso é um mal menor diante do potencial destrutivo do inimigo;
- Como o inimigo poderoso está infiltrado em todas as estruturas do poder e age às sombras, o cidadão comum não pode vê-lo nem reconhecê-lo, precisa crer na palavra do líder fascista;
- A imprensa e os meios de comunicação não divulgam as ações do inimigo, porque estão nas mãos dele;
- Se alguém tentar convencer você de que essa conspiração não é verdadeira é porque ele faz parte da conspiração ou foi iludido pelo inimigo;
- O inimigo não pode ser convertido ou aprisionado, devendo ser banido ou exterminado;
- Por fim, a única solução é fé cega de que, quando chegar a hora, o líder fascista irá esmagar os inimigos e reconduzir a nação ao seu verdadeiro destino.

As bases da ideologia antissemita dos nazistas estavam assentadas sobre uma notória teoria conspiratória: os Protocolos dos Sábios de Sião. O alegado documento era, na verdade, uma falsificação. Esse panfleto antissemita era uma falsificação notória. Tinha sido redigido sob encomenda do Czar Nicolau II e produzido por sua própria polícia secreta. Essa obra acusava e culpava os judeus de quase todos os males da modernidade.

O protocolo era uma espécie de manual de instruções que explicava de que maneira os judeus iriam conquistar todo o planeta. O texto era um plágio do livro de Maurice Jolie, *Diálogo no Inferno entre Maquiavel e Montesquieu*, publicado em 1864[59]. O diálogo era, na verdade, uma sátira política na forma de um debate travado no inferno por Montesquieu, que assume a defesa do liberalismo, e por Maquiavel, que defende a tirania. Os protocolos dos sábios de Sião são uma cópia dos argumentos propostos por Maquiavel no debate. Hitler defende a autenticidade do Protocolo em *Mein Kampf*:

> Os "Protocolos dos Sábios de Sião", tão detestados pelos judeus, mostram, de uma maneira incomparável, a que ponto a existência desse povo é baseada em uma mentira ininterrupta. "Tudo isto é falsificado", geme sempre de novo o jornal *Frankfurter Zeitung*, o que constitui mais uma prova de que tudo é verdade.[60]

Hitler atacava a imprensa, alegando que ela servia aos inimigos da pátria; mais tarde isso servirá de alegação para que ele feche jornais que não lhe são favoráveis e controle a mídia. O recurso usado por Hitler para "provar" a veracidade do panfleto é a alegação do jornal *Frankfurter Zeitung* de que ele é falso: "Se o jornal diz que o protocolo é falso, então ele só pode ser verdadeiro". O *Frankfurter Zeitung* era um jornal de oposição ao nazismo. Depois da ascensão dos nazistas ao poder ain-

---

59 STANLEY, I. 774-775
60 HITLER, p.279.

da permaneceu independente até ser fechado em 1943[61]. A imprensa mundial, para Hitler, fazia parte da alegada conspiração sionista. Isso colocava o cidadão médio em um dilema: ou ele aceitava que a conspiração era falsa ou acreditava cegamente em seu líder. Porque ele preferia então acreditar em Hitler e nos nazistas, em vez de aceitar que aquela história absurda não passava de uma grande mentira?

Porque a mentira estava apoiada também sobre outro dilema. A ascensão dos nazistas ocorreu em um momento de instabilidade da economia, de crise, de extrema descrença nas soluções políticas e na democracia. Na cabeça do homem médio, parecia que tudo havia dado errado; que sua nação havia fracassado. Aí vem o dilema:

– ou ele compreende que as crises são inerentes ao capitalismo e são cíclicas, e que o estado escolheu políticas econômicas que lhe foram prejudiciais;

– ou acredita que sua nação é superior, portanto, infalível e que tudo não passa de uma enorme conspiração que tem por objetivo destruir seu povo e sua cultura, escravizá-los e dominar o mundo.

Em lugar de encarar as suas próprias frustrações, o homem médio opta por eleger um culpado que precisa ser destruído e entregar a sua salvação nas mãos de um líder fascista.

---

61 EVANS, Richard. *The Third Reich in Power.* Penguin, 2006. p. 142

A teoria da conspiração serve também para que se desvie de questões complexas. Em vez de propor soluções assertivas que resolvam problemas como crescimento econômico, redução das taxas de desemprego, melhoria das condições de vida, cria-se uma teoria em que o responsável por todos esses problemas é um inimigo que precisa ser eliminado. Em lugar de elaborar explicações longas e complexas sobre política macroeconômica, os fascistas optam por promover discursos de ódio, que são mais fáceis e produzem mais engajamento.

A teoria da conspiração tem outro facilitador. É o fato de que ela não pode ser refutada, pois contém em si mesma o antídoto para a sua refutação. Todo aquele que tenta desmentir uma teoria da conspiração é logo incluído nela, como alguém que faz parte da conspiração ou como alguém que é manipulado pelos grandes conspiradores.

Outra teoria da conspiração inventada pelos nazistas que pode ser lida em *Mein Kampf* é a do *bolchevismo cultural*. Hitler usou essa teoria da conspiração para perseguir intelectuais e artistas, para justificar fechamento de exposições, de universidades e jornais. *Mein Kampf*, como um todo, é uma declaração de guerra aos judeus e aos socialistas. O bolchevismo cultural une os dois antagonistas do nazismo em uma mesma conspiração: a produção de uma arte que teria como objetivo exteriorizar o marxismo[62]. Essas produções seriam toda a arte moderna, especificamente o dadaísmo e o cubismo[63]. Essa arte seria produzida por artistas degenerados com o objetivo de abalar os valores tradicionais. Os nazistas defendiam que um cidadão de bem que estivesse diante de uma obra de arte moderna teria seus valores abalados pela degeneração da obra. O nazismo teria como dever impedir que o povo fosse seduzido por esse tipo de arte, fechando exposições e perseguindo artistas: "É um dever dos dirigentes proibir que o povo caia sob a influência de tais loucuras"[64]. A visão de Hitler sobre o seu povo superior e seus valores elevados era a de que eles sucumbiriam facilmente diante de algumas obras de arte.

O bolchevismo cultural de Hitler não se restringiria somente às artes. Sua ideia era atacar toda e qualquer forma de pensamento que não pudesse ser controlada pelos nazistas. Dessa maneira, Hitler se voltava também para o controle sobre a educação: "Pelo mesmo critério deve ser examinada a evidente covardia de nosso povo que, por força da sua educação e de sua própria posição, estava no dever de dar combate a essa vergonhosa orientação intelectual"[65]. Hitler acreditava que também a educação na Alemanha

---

[62] HITLER, p.114.
[63] IBDEM.
[64] IBDEM.
[65] IDEM, p. 115.

estava sob orientação intelectual dos comunistas ou bolcheviques. Assim como as artes estariam se degenerando, os círculos intelectuais estariam sofrendo do mesmo mal. Haveria, desse modo, uma contaminação da elite cultural influenciada pelo bolchevismo, e em última instância pelo sionismo, já que na cabeça de Hitler seriam uma coisa só.

Com base nessas ideias, os nazistas passaram a perseguir professores e intelectuais que tinham vozes dissonantes e que contestavam o nazismo e o fascismo. Esses intelectuais para os nazistas seriam doutrinadores do ideário bolchevique, e haviam também sofrido uma doutrinação. Os nazistas imaginavam que havia um círculo de doutrinação bolchevique que precisava ser destruído, antes que os seus "verdadeiros valores" desaparecessem. Isso constituiria para os nazistas uma justificava para um controle total da educação. Hitler jamais apresentou qualquer evidência que comprovasse essa teoria. Os nazistas nunca realizaram uma pesquisa ou investigação em instituições de ensino para verificar se eram reais as afirmações de Hitler.

A política fascista substitui a realidade pelas palavras de um único homem, ou seja: a verdade não se ampara mais nos fatos, mas na palavra do líder fascista. Mas isso não é feito de cima para baixo. O líder fascista não é em si original. Ele repete uma sequência de afirmações sem fundamento vindas do senso comum do *kleinen Mann* (homem médio), da sua ideologia, do seu conjunto de crenças e valores, dos seus ressentimentos, medos e frustrações. Essa repetição é amplificada pela máquina de propaganda fascista; organiza e encadeia de maneira sucessiva as ideias do *kleinen Mann* que estavam dispersas, dá a elas uma ordem, amplia seu alcance e confere a essas ideias uma "legitimidade". O *kleinen Mann* se reconhece no discurso do líder fascista e se sente incluído em sua ideologia. Uma vez que ele reconhece no discurso fascista parte do seu conjunto de crenças, fica mais fácil de acreditar no todo. É isso que gera o engajamento do *kleinen Mann* com o fascismo; é por isso que ele passa a se encarregar das funções de repressão, de controle e de polícia política. O homem médio funciona como um braço do fascismo nas comunidades. É ele quem primeiro vai perseguir os professores, reprimi-los, constrangê-los e ameaçá-los, para em seguida denunciá-los. É ele quem primeiro invade escolas, quer proibir livros, filmes e músicas. Ele se sente empoderado e representado pela ideologia fascista para promover um revanchismo contra qualquer um que ocupe posições de destaque social ou intelectual e que não compactue com o fascismo. Assim, a política fascista promove uma devastação no espaço da informação e do conhecimento.

Embora o nazismo tenha sido derrotado em 1945, algumas de suas teorias conspiratórias continuaram muito vivas e transitam ainda pelo imaginário da extrema direita e do ultraconservadorismo. O bolchevismo cultural de Hitler, por exemplo, foi recuperado pela extrema direita ultraconservadora norte-americana. Ele foi rebatizado com o nome de Marxismo Cultural por dois paleoconservadores estadunidenses: o político Pat Buchanan e o escritor Wiliam S. Lind.[66] O paleoconservadorismo é um movimento conservador de relativa relevância nos Estados Unidos. Eles se dizem nacionalistas e anticomunistas, defensores do tradicionalismo, da família patriarcal, dos valores ocidentais e da ética cristã. Buchanan foi conselheiro de Nixon e Diretor de Comunicações da Casa Branca no governo Reagan. Lind e Buchanan introduziram a teoria da conspiração de Hitler nos EUA para criar "uma nova estratégia eleitoral que afastasse ideias contrárias ao liberalismo econômico do debate público".[67]

Os elementos da teoria da conspiração de Lind e Buchanan são os mesmos da conspiração paranoica de Hitler: destruição da cultura ocidental, da civilização ocidental, dos valores do cristianismo e do capitalismo. Eles apenas trocaram os atores da peça. Em lugar dos judeus e dos bolcheviques, eles colocaram o filósofo italiano Antonio Gramsci e os pensadores da Escola de Frankfurt. Os criadores do Marxismo Cultural acusam esses filósofos de elaborar um plano para dominar o Ocidente e destruir o capitalismo, não por meio da revolução armada, mas por meio de uma revolução cultural, que se daria pela dominação de instituições como es-

---

66 CARAPANÃ. *A nova direita e a normalização do nazismo e do fascismo.* in: SOLANO, Esther (org). *O ódio como política: a reinvenção das direitas no Brasil* (Coleção Tinta Vermelha). Boitempo Editorial, 2018 Edição do Kindle, l. 574.
67 IBDEM.

colas, faculdades, museus, teatros, cinema etc. Essa paranoia seria uma justificativa para silenciar professores e controlar o conteúdo em sala de aula, colocando-o, evidentemente, a serviço de quem o controla; pois, via de regra, controlar a educação significa controlar aquilo que se ensina e que, em última instância, é também controlar o conhecimento.

Lind e Buchanan atribuíam ao marxismo uma tentativa de erosão de valores tradicionais ocidentais, como a família e a religião, por meio da promoção de discursos como direitos dos homossexuais e feminismo. Todavia, Marx em si nunca propôs uma reforma cultural nesses moldes. Seu foco sempre havia sido a economia e a política. Basta olhar para os regimes comunistas do século XX para perceber, por exemplo, que direitos dos homossexuais nunca estiveram em pauta. Houve inclusive perseguição a homossexuais em Cuba e na União Soviética durante o governo stalinista.

É improvável que esses regimes socialistas tenham tido alguma influência nas transformações culturais ocorridas no século XX. O mais provável é que essas transformações tenham sido causadas pelo desenvolvimento da democracia, que possibilitou que grupos minoritários, como homossexuais, negros, mulheres, passassem a reivindicar seus direitos.

Por essa razão, é natural que os ultraconservadores ataquem figuras de pedagogos que propõem uma educação democrática, pautada nos conhecimentos prévios dos alunos e não na imposição de um conhecimento formatado e pronto, imposto de maneira unilateral aos estudantes, como querem ou queriam os fascistas.

Essa teoria da conspiração é altamente conveniente, pois, além de neutralizar o efeito de vozes dissonantes – vindas de pessoas que potencialmente inspirariam confiança –, justificam intervenções do governo nas instituições de ensino e, consequentemente, a perseguição de professores e intelectuais. As escolas e faculdades são acusadas de serem locais de baderna, libertinagem e prevaricação, conduzindo os estudantes a se tornar pessoas moralmente corrompidas. Essa corrupção moral, por sua vez, teria como objetivo último – para Hitler, Lind e Buchanan – a destruição do patriarcado e das tradições.

O controle da educação era também vital para o fascismo, mas para ascender ao poder, Mussolini foi obrigado a conquistar a simpatia da Igreja, que era poderosa na Itália. Uma dessas concessões implicava manter a autonomia das escolas confessionais. Acordo que Mussolini, quando conquistou o controle do estado, não cumpriu.[68] Logo que chegou ao poder, ele promoveu uma ampla reforma no ensino. Foram feitas inúmeras intervenções no currículo escolar, que incluíram a modificação de passagens históricas, recontando tudo aquilo que não se encaixasse na mitologia fascista. Com isso Mussolini incluía "a instituição escolar no processo global de fascistização".

---

68 MILZA, I. 2729

Quando a educação é colocada sob o domínio dos governos fascistas, o seu objetivo passa a ser o veículo para difusão de um único ponto de vista considerado legítimo: as ideias fascistas de cultura dominante e o passado mítico da nação. A educação livre é uma ameaça para o regime fascista; por essa razão, ele busca inverter a lógica e acusa a educação livre de ser doutrinadora, ao mesmo tempo em que a substitui por uma educação dominante, que diz ser libertadora.

> É impossível haver um debate inteligente sem uma educação que dê acesso a diferentes perspectivas, sem respeito pela especialização quando se esgota o próprio conhecimento e sem uma linguagem rica o suficiente para descrever com precisão a realidade. Quando a educação, a especialização e as distinções linguísticas são solapadas, restam somente poder e identidade tribal.[69]

Quando o Partido Fascista chegou ao poder na Itália, em outubro de 1922, entre os seus projetos de governo são definidos também o projeto para as escolas e a educação. De acordo com o programa do Partido Nacional Fascista, as escolas teriam como objetivo a formação de indivíduos capacitados a promover o progresso econômico e histórico da Nação italiana. Além disso, estava entre os objetivos da educação a elevação do nível moral e cultural da população. O estado fascista seria o responsável por controlar de

---

69 STANLEY. l. 504-508

maneira rígida tanto os programas de ensino quanto a ação dos professores nas escolas de ensino básico. As Universidades e as escolas médias também estariam sob o controle do Estado, visando promover uma espécie de educação pré-militar, que teria como objetivo a formação de oficiais[70].

O foco do estado fascista é a formação profissional técnica com o objetivo de suprir a demanda da indústria e dos setores produtivos. O estado fascista teria como objetivo a integração e a coordenação do ensino fornecido pelas instituições privadas, substituindo-as apenas onde elas faltassem[71].

O movimento fascista brasileiro, o Integralismo também tinha um apreço especial pela educação. Plínio Salgado projetava controlar a educação na ditadura Vargas:

> Antes de as eleições presidenciais chegarem, o país se tornaria um Estado fascista, e o integralismo seria seu partido único. A estrutura ideológica da nova nação. Plínio também teria seu papel. Enquanto Getúlio Vargas presidiria, o fundador da AIB ocuparia o Ministério da Educação, podendo pôr em prática o projeto de doutrinação integralista de todas as crianças e adolescentes do país.[72]

Os fascistas brasileiros também promoveram no Brasil teorias conspiratórias e antissemitismo. Gustavo Bar-

---

70 HISTÓRIA DA EDUCAÇÃO, ASPHE/FaE/UFPel, Pelotas, v. 12, n. 24, p. 179-223, Jan/Abr 2008 Disponível em: http://fae.ufpel.edu.br/asphe

71 IDEM.

72 DORIA, Pedro. *Fascismo À Brasileira - Como o Integralismo, Maior Movimento de Extrema-Direita da História do País, Se Formou e o Que Ele Ilumina sobre o Bolsonarismo*, Planeta, 2020, Edição do Kindle, l. 2644

roso, que foi comandante geral das milícias e membro do Conselho Superior do Integralismo, traduziu, publicou e disseminou no Brasil *Os Protocolos dos Sábios de Sião*. Como já vimos, uma falsificação notória. Com base nessa obra falsa, o integralismo passou a disseminar o antissemitismo pelo Brasil, afirmando que judeus teriam tramado contra o Brasil desde sua independência, prejudicado a sua economia e seriam os reais culpados pela situação de precariedade que o país tinha na década de 1930[73].

O plano de dominação comunista é uma constante no imaginário fascista brasileiro também. O Plano Cohen, uma das maiores falsificações da história do Brasil, foi elaborado por um militar brasileiro fascista: o integralista Olímpio Mourão Filho. O Plano Cohen, como ficou conhecido, teria sido um documento supostamente descoberto pelo exército brasileiro que continha uma conspiração comunista para depor Getúlio Vargas e tomar o poder.

> O Plano Cohen fora imaginado e redigido pelo capitão Olímpio Mourão Filho, dublê de militar da ativa e chefe do serviço secreto da Ação Integralista Brasil. A origem fascista do documento explicava o seu racismo na escolha de nome judeu – Cohen – como signatário do suposto plano. A divulgação do falso documento foi de-

---

73 GONÇALVES, Leandro Pereira; CALDEIRA NETO, Odilon. *O Fascismo em Camisas Verdes: do Integralismo ao Neointegralismo*. Editora FGV, 2020.

cidida em reunião dos generais Góis Monteiro e Eurico Gaspar Dutra com o chefe de polícia, Filinto Müller. A autoria da farsa viria a ser posteriormente confessada pelo próprio general Mourão, alegando que o redigira como mero programa de trabalho, para a hipótese de uma real sublevação comunista. O Ministro da Guerra, general Góis Monteiro, viu o "trabalho" e decidiu autenticá-lo.[74]

Esse falso plano de dominação comunista foi a principal justificativa para legitimar o golpe de estado de 1937 e implantar a ditadura do Estado Novo no Brasil. O nome escolhido para a autoria do plano "Cohen", um sobrenome reconhecidamente judaico, já revela o caráter antissemita do seu autor. Mourão Filho, assim como Hitler já havia feito, tinha a intenção de conectar em um único plano os dois maiores inimigos dos fascistas: os comunistas e os judeus.

Hoje, parece ridículo que alguém acredite que exista uma conspiração comunista para chegar ao poder. Mas nos anos 1930, esse mito era compartilhado em todo o mundo, ecoado principalmente pelos fascistas; a Revolução Russa havia acontecido havia menos de duas décadas. Essa alegada conspiração comunista mundial, juntamente com a descrença na democracia, foi responsável por dar mais poderes a Mussolini, Hitler e também a Vargas que, nesse período, flertava com o fascismo.

---

[74] KERN, Ib. *Não há anjos no poder*: histórias vivas de um repórter: nos tempos de Borges.Mezzaroba, Orides. *Plano Cohen: A consolidação do anticomunismo no Brasil*. Revista Sequência n. 24 set. 1992, p. 92

A MILÍCIA

Em 1932, Hitler chegou a fazer 566 atos políticos, grande parte deles eram comícios. Centenas de milhares de pessoas compareciam a esses eventos; na ocasião, a estimativa era de que 4,5 milhões de pessoas haviam assistido aos discursos de Hitler. Com base nisso, tudo levava a crer que a sua vitória nas eleições seria incondicional. Todavia, a derrota dos nazistas na eleição de março de 1933 acabou surpreendendo os alemães. O tamanho do apoio que Hitler tinha era também bem menor do que aparentava nos comícios e atos políticos. Assim como os camisas-negras na Itália, os integrantes das *Sturmabteilungen* – conhecidos como camisas-pardas, o exército paramilitar nazista – eram barulhentos e violentos, o que fazia superestimar o seu verdadeiro número.

Fascistas costumam adotar a tática de fazer com que o número de apoiadores que possuem seja aparentemente maior do que são de fato. A ação desses grupos envolve fazer muito barulho, ecoar artificialmente seus discursos, marchando por diferentes locais da cidade, afixando cartazes e distribuindo panfletos de maneira incessante. A reiteração dos discursos por parte dos fascistas de que há uma ameaça comunista iminente, juntamente com a impressão e superestimativa do verdadeiro apoio que os fascistas teriam entre a população, faz com que pessoas que defendem posições mais moderadas acabem aderindo e votando no Partido Nacional Fascista, com a falsa impressão de que os fascistas são a única alternativa diante dos comunistas.

Esses moderados são tomados pela falsa impressão de que o líder fascista, uma vez no poder, poderá ser controlado pelas estruturas do estado e pelos outros poderes, o que invariavelmente se mostrou um equívoco.

A "Marcha sobre Roma" dos fascistas, em 1922, foi mais um espetáculo fantasioso do que um evento grandioso como a narrativa fascista quer fazer crer. Quando Mussolini chegou de Milão e encontrou Vítor Emanuel III, disse ao rei que havia acabado de chegar vindo direto de um campo de batalha, como se a Itália estivesse às portas de uma guerra civil. Era mentira. Os temidos 30 mil camisas-negras não passavam de um grupo paramilitar mal treinado e faminto; pouquíssimos tinham armas e munições. Ao que tudo indica, a polícia romana poderia debelá-los sem muita dificuldade. O rei, no entanto, temia a desordem e a guerra civil e tinha pavor de imaginar um possível levante comunista. Por isso acabou cedendo à pressão e entregou o cargo de primeiro-ministro a Mussolini. O líder fascista chegou ao cargo mais alto do governo tendo míseras 35 cadeiras no parlamento, de um total de 535.

Uma vez no poder, Mussolini iria colocar o estado a serviço dos fascistas, que acabariam ampliando substancialmente o número de assentos no parlamento. Os camisas-negras eram mais barulhentos que numerosos. Isso fazia parecer que o volume da milícia de Mussolini fosse muito maior do que na realidade era. Os camisas-negras se espalhavam pela cidade fazendo estardalhaço e chamando a atenção. Quando a marcha sobre Roma aconteceu, Mussolini fazia questão de falar de uma guerra civil de grandes proporções... quando, na verdade, o número de camisas-negras era muito menor e menos aparelhado do que seus discursos faziam transparecer.

Para entender o surgimento do fascismo, deve-se ter presente que ele está intimamente relacionado com o surgimento dos camisas-negras, o exército paramilitar fascista. O fascismo nasce de uma combinação de diversos elementos, mas o seu berço é a milícia. Para entender a origem das milícias fascistas, precisamos retornar à primeira Guerra Mundial. Na ocasião, discutia-se se a Itália tinha ou não condições financeiras para entrar no conflito.

Quando a guerra eclodiu, grande parte da população da Europa, nas primeiras décadas do século XX, não tinha ideia de que a guerra seria penosa, longa e devastadora. Parte da população europeia via a guerra como uma espécie de resolução para os pequenos conflitos que estavam acontecendo em todo continente. Ela foi chamada de "a guerra para pôr fim a todas as guerras".

Embora esse fosse um sentimento comum em praticamente toda a Europa, na Itália a coisa não foi bem assim. Depois do fracasso das guerras coloniais promovidas pela Itália na Etiópia, os italianos não viam com bons olhos ter uma nova guerra, agora dentro de seu território.

A guerra ítalo-etíope, que ocorreu entre os anos de 1895 e 1896, foi extremamente desgastante para a Itália. Como a Itália só foi unificada em 1870, ela acabou ficando atrasada em relação às demais potências europeias no processo de colonização da África.

Essa colonização africana do século XIX, na realidade, não passava de um conjunto de invasões promovidas, durante o período de expansão do capitalismo, por países europeus como Bélgica, França, Alemanha, Inglaterra, Portugal e Espanha, invasões que resultaram em escravizações, espoliação de terras, milhões de mortes e genocídio da população local.

Durante esse período de invasões, apenas Etiópia e Libéria haviam se mantido independentes. A empreitada italiana na Etiópia recebeu incentivo da Inglaterra. O resultado final foi desmoralizante para a Itália. A batalha travada em 1º de março de 1896 resultou na morte de 7 mil soldados italianos, 1.500 feridos e 3 mil capturados pelos etíopes. A derrota causou uma grande comoção entre os italianos, em especial porque os prisioneiros capturados durante o conflito foram castrados[75], como era tradição na Etiópia. A Itália ainda continuaria sua campanha pela África a partir de 1912, dessa vez obtendo relativo sucesso.

Todavia, isso não era suficiente para que os políticos italianos considerassem que a Itália pudesse ser bem su-

---

75 SASSOON, p. 34.

cedida entrando na primeira Guerra Mundial. Liberais e socialistas, que dividiam o parlamento italiano na ocasião, achavam que a economia ainda era frágil demais para uma empreitada tão arriscada como entrar numa guerra, ainda mais sem a dimensão de que proporções ela poderia alcançar e quanto tempo poderia durar. Mussolini defendia a entrada da Itália no conflito.

Nessa época, Mussolini era editor de um jornal socialista, chamado *Avanti*. Ele era um dos que defendiam a entrada da Itália na guerra. E chegou a propor de maneira incisiva que o país deveria participar da primeira Guerra Mundial. Isso resultou na expulsão de Mussolini que, na ocasião, pertencia ao Partido Socialista. Mussolini, na verdade, defendia uma ideia um tanto confusa, que ele chamava de neutralidade ativa.[76] Afirmava no artigo que "os vencedores terão uma história e os ausentes não terão nenhuma. Se a Itália ficar ausente, será a terra dos mortos, a terra dos covardes."[77]

A expulsão de Mussolini fez com que ele questionasse o método de ação do socialismo. Para ele, o socialismo era pouco eficaz em suas ações. E perdia muito tempo em discussões e debates, em lugar de simplesmente agir. Foi nesse momento que Mussolini começou a se aproximar de outra corrente de pensamento. Não necessariamen-

---
76 IDEM, p. 34.
77 IBDEM.

te uma corrente de pensamento política, mas uma nova tendência artística: o futurismo.

Naquela ocasião, Mussolini começava a perceber que o apoio à guerra era maior entre os nacionalistas de direita do que entre os políticos católicos e os socialistas; e que talvez aquele fosse o seu lugar na política. De certo modo, durante a primeira Guerra Mundial houve, com efeito, um sentimento de orgulho e de união nacional.

O fato é que, em 23 de maio de 1915, a Itália entrou no conflito contra o Império Austro-Húngaro, a Alemanha, o Império Otomano e a Bulgária. O país, como muitos já sabiam, não tinha realmente condições financeiras de enfrentar o conflito e, apesar de ter tido grandes conquistas e estar do lado daqueles que venceram a guerra, começou a enfrentar sérios problemas econômicos.

Uma parcela significativa dos soldados que haviam participado da guerra, ao retornar, simplesmente foi deixada à míngua. Esses homens começaram a sentir que, embora tivessem estado na linha de frente, não haviam sido recompensados pelo seu esforço e que somente a parcela mais rica da população havia de fato se beneficiado com a guerra. Seriam esses os homens que formariam "o grosso dos batalhões do primeiro fascismo"[78]. Entre os que triunfaram na primeira Guerra Mundial, a Itália foi talvez o país que menos tirou proveito dos acordos

---

78 MILZA, I. 1737

pós-guerra durante as reuniões do Tratado de Versalhes. Os nacionalistas italianos, que haviam apoiado a guerra desde o começo, agora se sentiam ressentidos com o tratamento que a Itália havia recebido em Versalhes. Se durante o conflito, entre os italianos, renasceu um sentimento de orgulho nacional, no fim da guerra, o que restou foi mais frustração do que orgulho.

A primeira Guerra Mundial foi fundamental na construção do ideário fascista. Depois de retornar do conflito e dar baixa do exército, vários veteranos se agruparam em milícias que reproduziam estruturas semelhantes à militar. Sem muitas expectativas, muitos dos que voltaram do conflito acabaram sendo incorporados a essas associações armadas paramilitares de direita. Como veremos mais adiante, a associação com esses grupos milicianos será de fundamental importância para que os fascistas cheguem ao poder. Os nazistas também se associaram a grupos paramilitares que também foram determinantes para sua chegada ao poder.

Dentro da esfera política, a direita começou a perder cada vez mais espaço, após o fim da guerra; os socialistas e o partido católico passaram a ter uma prevalência maior na política do que os liberais e os nacionalistas, nas eleições de 1919. Os movimentos operários aumentavam o seu poder e se fortaleciam em sindicatos pelo país. Mussolini, nesse mesmo período, não pertencia a nenhum partido político, e havia começado a editar um novo jornal, que se chamava *Popolo d'Italia*.

Em 1919, ele ainda não pensava em fundar um novo partido ou entrar em algum dos partidos existentes; ele havia começado o movimento *fascio di combattimento*. Mussolini, nesse momento, se identificava mais com a direita nacionalista do que com o liberalismo econômico. Seu jornal ainda defendia pautas como mais direitos para os trabalhadores, maior ação do estado na promoção do crescimento e até mesmo o voto feminino.[79] Havia nele, no entanto, o sentimento antidemocrático; Mussolini via com maus olhos o poder legislativo.

Em 23 de março de 1919, inspiradas por Mussolini, 200 pessoas se reuniram na Piazza San Sepolcro em Milão para começar um novo movimento. Eram em geral indivíduos da classe média, nacionalistas amargurados pelos resultados da guerra e futuristas que desejavam o fim da influência da Igreja na Itália. Esse encontro é considerado pelos fascistas como o ato de fundação do fascismo[80].

Agora, porém a vez era dos socialistas. O Partido tinha a maioria das cadeiras no parlamento e o Partido católico também havia ampliado o número de parlamentares. Quem definitivamente saiu perdendo, nessa eleição, foram os liberais e nacionalistas, que viram seu poder diminuído pela primeira vez na história. Na Itália, havia crescido o movimento operário e se intensificavam as lu-

---

79 SASSOON, pp. 63, 64

80 IDEM, p. 64

tas por melhores condições de trabalho. A classe operária, no entanto, não propunha mais uma atitude passiva esperando apenas a benevolência de empresários ou do governo. Após a revolução russa de 1917, estava claro que a classe operária também poderia e deveria ocupar o seu lugar na política.

A revolução russa de 1917 havia colocado os liberais e nacionalistas em alerta. Além disso, os anos que sucederam à primeira Guerra Mundial foram de intensa mobilização política. Por toda a Europa eclodiam greves e manifestações sindicais de trabalhadores, reclamando por seus direitos. Isso impactava sobremaneira a indústria italiana, que já tinha dificuldade de competir com potências industriais como França e Inglaterra, por ser obsoleta; com a regulamentação da jornada de trabalho, dos salários, dos direitos dos trabalhadores, via seu potencial enfraquecer ainda mais. No parlamento, socialistas, católicos e liberais não se entendiam e o país parecia estagnado politicamente.

Grupos socialistas radicais, ainda que em número muito pequeno, começaram a aparecer também na Itália. Esses grupos defendiam uma revolução nos moldes do que havia acontecido na Rússia. Se essa ameaça nunca pareceu muito concreta, ela amedrontava acima de tudo liberais e nacionalistas. E o fascismo iria se nutrir muito bem desse medo.

No meio desse novo cenário, um grupo ainda pouco

conhecido e sem uma unidade estabelecida, começou a ganhar corpo, em especial, nas cidades pequenas. Os grandes proprietários de terra eram essencialmente conservadores e detestavam os socialistas. Os camponeses, em sua maioria católicos fervorosos, também não viam os socialistas com bons olhos. Durante os anos que se sucederam depois do final da primeira Guerra, aumentou sensivelmente o número de greves no setor agrícola. Durante a guerra, o número de camponeses, que haviam se tornado donos de terras, aumentara incrivelmente. Estima-se que em torno de 500 mil camponeses haviam se tornado proprietários de terras. Além disso, o grande fluxo de migrantes, que deixavam a Itália em direção às Américas, fez com que a mão de obra na Europa se tornasse mais escassa, o que forçou a elevação dos salários dos trabalhadores rurais. Havia ainda um sentimento de que a guerra havia privilegiado muito mais as pessoas nas cidades que as do campo.[81]

O natural conservadorismo dos grandes proprietários de terras e dos burgueses rurais foi reforçado pelo estilo conservador da classe imediatamente abaixo: o campesinato. O catolicismo conservador se unia a um sentimento de repulsa à regulamentação estatal, aos impostos e aos socialistas, considerados culpados pela organização dos trabalhadores dos campos.

Mesmo assim, os socialistas conseguiram conquis-

---

[81] IDEM, p. 96

tar um número considerável de votos nas eleições locais durante o outono de 1920. Isso aconteceu onde menos se esperava, nas pequenas cidades, o que fez com que os latifundiários ficassem ainda mais apreensivos. As autoridades socialistas recém-eleitas aumentaram os tributos sobre os grandes latifundiários. Mas o que talvez mais tenha enfurecido os grandes produtores rurais foi a perda do monopólio dos contratos do setor público. Agora, com os socialistas no poder, esses contratos poderiam ser oferecidos diretamente às cooperativas. As Câmaras Socialistas do Trabalho derama os trabalhadores rurais a possibilidade de auferir salários mais altos e menor carga de trabalho. Como a colheita de 1920 não havia sido boa, a margem de lucro dos latifundiários acabou diminuindo ainda mais.

Foi nesse contexto que os grandes proprietários de terra passaram a exigir que o governo começasse a tomar providências com relação às ligas camponesas. O governo, por sua vez, temia um embate direto com a esquerda. Isso levou os latifundiários a constituir suas próprias milícias, contratando justamente aqueles grupos paramilitares que haviam sido formados pelos veteranos de guerra. Esses grupos começaram a empreender ataques violentos contra as cooperativas, contra as ligas camponesas e comitês socialistas. Mas o alvo preferencial da violência praticada por esses grupos milicianos era a base de apoio dos socialistas, ou seja: os seus eleitores. Qualquer um que fosse identificado como apoiador dos socialistas poderia ser alvo de espancamentos. O resultado foi uma perda expressiva de votos nas eleições de 1921:

> Nos seis primeiros meses de 1921, os fascistas destruíram 119 Câmaras do Trabalho, 59 *Case del popolo* (círculos culturais socialistas), 107 cooperativas, 83 escritórios das Ligas da Terra (*leghe contadine*, associações de trabalhadores agrícolas), gráficas socialistas, bibliotecas públicas e sociedades de ajuda mútua, num total de 726.[82]

Apesar de empregar métodos de criminosos, nem o exército nem a polícia parecia querer agir para conter esses grupos paramilitares. A polícia raramente aparecia depois de uma ação violenta dessas milícias e, nas raras vezes em que atendeu algum chamado de vítimas desses grupos, fazia vistas grossas e permitia que os agressores escapassem ilesos. A polícia e os *carabinieri* não eram apenas simpatizantes das milícias; em Brescia e Ferrara, por exemplo, as milícias que atuaram contra os grevistas contaram com apoio voluntário da polícia e dos *carabinieri*.[83]

Esses grupos paramilitares de inclinação fascista tinham apoio de alguns setores da imprensa liberal. Esses liberais acreditavam que, depois que as milícias fizessem o trabalho sujo e minassem os partidos socialistas, elas poderiam ser descartadas. Afinal não eram um grupo político organizado, mas um bando de gente armada e violenta.

---

82 SASSOON, p. 105.
83 IDEM, p. 102

Os grandes jornais ligados aos liberais, nacionalistas e, principalmente, jornalistas associados às oligarquias, aos latifundiários e aos industriais, começaram a publicar e a escrever artigos que atacavam sistematicamente os socialistas, os sindicalistas, os movimentos operários campesinos. Esses ataques da imprensa resultaram em uma perda sensível de popularidade desses grupos, o que resultou em prejuízos especialmente para o movimento operário. Indústrias se sentiam autorizadas a demitir trabalhadores mais ligados aos movimentos grevistas, que eram considerados más influências para os demais. As greves perderam força e os sindicatos se viram forçados a aceitar negociações pouco favoráveis aos trabalhadores.

Acontece que esses grupos paramilitares fascistas não se contentaram apenas em tirar os socialistas do jogo. Já que eles haviam sido os responsáveis por remover os socialistas do poder, viram no vácuo deixado uma oportunidade e passaram a querer ocupar esse espaço político. Além de fazer o serviço sujo, os milicianos agora queriam se oficializar como um partido político.

Nesse momento, esses movimentos começaram a se politizar e passaram a se autodenominar: fascistas. Os latifundiários tinham a intenção de constituir um Partido próprio. No entanto, nesse primeiro momento, eles acabaram apoiando os fascistas que eram considerados uma alternativa muito mais viável para si do que os socialistas.

Foi nas associações paramilitares de veteranos de

guerra contratados pelos grandes latifundiários para enfrentar os socialistas que os fascistas acabaram por encontrar aqueles que se tornariam seus adeptos mais radicais. Mussolini captou praticamente todo o sentimento desses veteranos e incorporou grande parte dos símbolos trazidos diretamente dos campos de batalha ao fascismo. Do uniforme dos *arditi*, a tropa de elite do exército italiano, os fascistas tiraram a ideia para as camisas negras e o hino dessa tropa, "Giovinezza", acabou se convertendo no hino do Partido Nacional Fascista.

O descrédito dos socialistas, o pouco sucesso das greves e os acordos feitos pelos sindicatos acabaram por dividir a esquerda em diversos grupos que não chegavam a um acordo. A ala mais radical dos socialistas rachou com o partido e fundou o Partido Comunista italiano.

Em 1921, o movimento operário já se encontrava de certa forma desgastado. Assim como os socialistas, tinha perdido um apoio considerável. As alas mais radicais da esquerda, que defendiam uma revolução socialista, tinham se enfraquecido também. O perigo de uma revolução socialista tão temida pelos liberais e industriais já era algo distante. A esquerda, nesse momento, encontrava-se muito dividida, havia uma dificuldade de diálogo e união entre os setores progressistas. Enquanto isso, a direita parecia se unir ao redor de seus representantes mais radicais.

Apesar de sua intensa atividade paramilitar, como partido político os fascistas formavam ainda um grupo minoritário. E mesmo Mussolini nesse momento não tinha ideia de onde esse movimento poderia chegar, muito menos quais eram as principais ideias que deveria defender. Ou seja, mesmo para o seu maior representante, no início da década de 1920, a ideia do que era o fascismo ainda não parecia muito clara.

O fascismo nunca foi um movimento com intenções claramente definidas; representavam muito mais um conjunto de ressentimentos e anseios do que um ideal político. Talvez por isso, os fascistas fossem vistos pelos políticos tradicionais como incapazes de se manter por muito tempo no poder. Esses políticos pretendiam se nutrir da violência dos fascistas para afastar os socialistas do poder, para que eles mesmos em seguida pudessem colocar os fascistas de lado e assumir o comando político da Itália. Mussolini começou a perceber, na complacência dos liberais, uma porta que se abria para uma eventual negociação. Mussolini, nessa época, ainda não defendia ideias liberais, longe disso. Ele acreditava em protecionismo e desenvolvimentismo fomentado pelo Estado. Isso de certa forma agradou parte dos industriais italianos que, em sua maioria, não eram liberais e enxergavam nessas ideias a possibilidade de enfrentar, no mercado interno, indústrias mais desenvolvidas como as da França e da Inglaterra.

Mussolini e os fascistas, nesse momento, se tornaram na Itália não apenas uma forma de liquidar a esquerda, mas também na possibilidade de ter um partido forte comprometido com a defesa das propriedades privadas, a elaboração de uma política externa que privilegiasse a indústria nacional e de um estado que, por meio de obras públicas, acabasse por fomentar a economia. Mussolini percebia essa divisão entre os industriais e grandes pecuaristas na Itália. Por essa razão, procurou, nesse momento específico, transitar entre os dois campos, entre o liberal e o desenvolvimentista.

Durante as eleições de 1921, os fascistas iriam disputar o pleito inseridos entre os candidatos do Bloco Nacional, que era um agrupamento de candidatos de diversos setores políticos da direita.

Uma vez que os fascistas estavam agora disputando as eleições, participando do jogo democrático, Mussolini entendeu que era chegado o momento de arrefecer os ânimos. Ele propôs uma mudança nos hábitos violentos dos fascistas, pelo menos durante certo tempo. O objetivo era simples; Mussolini queria se apresentar como uma alternativa real e viável politicamente e atrair para si também aqueles políticos mais moderados ou com visões políticas mais amenas. Mussolini enfrentava na verdade um dilema. Ele precisava que os fascistas se apresentassem como mais moderados, mas não podia deixar que o movimento se descaracterizasse e deixasse de ser reconhecido.

Os fascistas começavam a ter, nesse período, a simpatia de uma parcela representativa da população. Todavia, setores que mais nutriam simpatia pelos fascistas eram a polícia e o exército italiano. Além de proteger e ser coniventes com as ações dos fascistas, polícia e exército passaram a se tornar a maior base de apoio de Mussolini durante as eleições de 1921.

Ao começar de fato a se institucionalizar como uma via política, o fascismo teria que, no início, ceder a alguns acordos. Ivanoe Bonomi, que passou a ocupar o cargo de primeiro-ministro após as eleições, convenceu Mussolini a assinar um acordo de pacificação com os socialistas. As duas partes fizeram um pacto de não-agressão em seus atos políticos. Ao que tudo indica, Mussolini nunca teve intenção de cumprir esse acordo, e logo que os socialistas afastaram do partido os membros mais aguerridos, que queriam uma revolução socialista armada, Mussolini liberou os fascistas mais radicais de cumprir o pacto; e as milícias fascistas retomaram as atividades.

Depois de eleito, Mussolini começou a estabelecer contato com os grupos sociais que considerava mais relevantes para a política do momento. Aqui é possível perceber que, apesar de ter eleito uma pequena bancada e de ter pouca representação, Mussolini pensava grande. Ele então se aproximou dos industriais, da Igreja e da monarquia.

Uma característica que vai acompanhar Mussolini em toda a sua carreira é a de mudar de posição e de contrariar o que havia dito quando fosse conveniente.Apesar de, no seu passado, Mussolini ter feito várias declarações e escrito diversos ataques contra a monarquia, esta não via com maus olhos os fascistas, porque não havia nada que os monarquistas detestassem mais do que os socialistas. Por isso viam com bons olhos uma eventual aproximação com o grupo de Mussolini.

Os fascistas já haviam conquistado a simpatia dos grandes proprietários de terra ao enfrentar os socialistas nas zonas rurais. Agora, eles se aproximavam de outro grupo que também não tinha nenhuma simpatia pelos socialistas, comunistas nem pelo movimento operário: os industriais. Para esses, Mussolini, contrariando também a sua essência desenvolvimentista, passou a apresentar um discurso mais liberal, de desregulamentação, menor tributação e menos interferência do estado. Em um de seus raros discursos na Câmara dos Deputados em 1921, Mussolini declarou que "a política econômica fascista seria liberal e não socialista, embora o fascismo não fosse liberal, tampouco nacionalista, democrata ou católico."[84] A aproximação dos liberais com os fascistas, mostrava uma força crescente do fascismo em oposição a uma decadência das ideias liberais. É evidente que os industriais preferiam um governo de um liberal, mas como isso não seria possível no momento, eles preferiam alguém que fosse acima de tudo um antissocialista.

Embora possa parecer que o medo de um levante socialista ou de uma revolução comunista tenha sido o principal motor para que todas as forças políticas corressem para os braços do fascismo, esse era apenas um dos

---

84 IDEM, p. 114.

fatores; talvez o mais ingênuo. Em 1921, o movimento operário estava enfraquecido e dividido. Quando Mussolini finalmente chega ao poder em 1922, o auge da esquerda já havia passado. Por essa razão, Konder atribui a aproximação entre setores mais moderados e fascistas a um "processo geral de deslocamento para a direita, marcado por diversas derrotas da classe operária", do que ao perigo real de um levante comunista.[85]

Para tirar proveito de sua recente aprovação entre os liberais, Mussolini começou inclusive a escrever artigos que condenavam alguns direitos trabalhistas, como o horário legal. Ele afirmava que estabelecer um horário pela lei que regulamentasse a carga de trabalho para o operário significava uma intervenção do estado na economia: "Queremos retirar do Estado todos os seus poderes econômicos. Basta de ferroviários estatais, carteiros estatais, seguradores estatais. Basta desse Estado mantido à custa dos contribuintes e pondo em risco as exauridas finanças do Estado italiano".[86] A tática de Mussolini daria certo; a Confederação das Indústrias Italiana seria a primeira a comemorar a indicação de Mussolini para o posto de primeiro-ministro em 1922.

Contudo, ainda em 1921, Mussolini sabia que não podia se passar por moderado por muito tempo. Ele necessitava manter o seu discurso autoritário e anti-establish-

---

85 KONDER, p. 75
86 SASSOON, p. 116

ment, porque tinha de nutrir a sua horda de seguidores com palavras de ordem e discursos de ódio. Se o líder fascista não fala como um fascista, para os seus seguidores pode parecer um fraco ou alguém que sucumbiu ao poder, alguém que deixou de acreditar nos ideais do fascismo. Ele perde engajamento e os seus seguidores acabam sendo cooptados por outros atores políticos mais radicais. Mussolini teria de usar toda a sua habilidade para manter fiel à causa a sua horda de fascistas sedentos e, ao mesmo tempo, não constranger o apoio dos mais moderados que ele acabara de conquistar. Ainda faltava para os fascistas conquistar um apoio crucial na Itália: a Igreja Católica.

A aproximação com os católicos não parecia tão simples. A ala mais à esquerda da Igreja defendia ideias muito parecidas com as dos socialistas. Inspirados pela *Rerum Novarum,* a encíclica escrita pelo Papa Leão XIII em 1891 sobre a condição do operariado, essa ala do catolicismo tinha também seus sindicatos e cooperativas, com os quais competiam com os socialistas. Eles também defendiam mais direitos dos trabalhadores e melhores salários. As cooperativas e os sindicatos católicos chegaram a ser alvo também das milícias fascistas que atacaram essas associações com a mesma truculência que mostravam contra os socialistas. A igreja tinha condenado formalmente a violência dos fascistas.

Havia outras alas entre os católicos, das quais seria mais fácil se aproximar. Uma delas era a ala católica que se compartilhava mais dos ideais liberais, embora esses fossem mais moderados e de certa forma avessos a qualquer tipo de radicalização. Além disso, o partido católico ainda era muito forte no parlamento, tinha uma representação política muito atuante e os fascistas, com poucas cadeiras no parlamento, não pareciam ter muito a oferecer. Entretanto, Mussolini percebeu que as lideranças políticas católicas não tinham uma pauta única.

Em fevereiro de 1922, as condições para uma aproximação entre Igreja e os fascistas se tornara mais favorável. Pio XI foi eleito papa e houve uma mudança de postura no próprio comando da Igreja católica. O novo papa não era um entusiasta da democracia e era pouco simpático aos partidos políticos católicos. Ele tinha outra visão sobre a participação da Igreja na sociedade. Ele "preferia muito mais se concentrar nas escolas e na Ação Católica, a rede de associações de trabalhadores e jovens que transformaria a sociedade por dentro".[87]

Mussolini já vinha há um tempo tecendo elogios aos católicos e à Igreja. Ele alegava que o catolicismo representava as tradições imperiais de Roma. Para se aproximar da Igreja, começou adotar pautas dos conservadores cristãos, como a proibição do divórcio em seus discursos e artigos.

Em meados de 1922, Mussolini já via uma oportunidade de chegar ao poder. Os liberais não tinham assentos

---

[87] PAXTON, p. 221.

suficientes para formar um governo, os católicos estavam divididos e os socialistas desmoralizados. Mussolini viu que era a hora de liberar suas milícias para voltar a atuar com a violência costumeira.

Em 3 de agosto de 1922, as milícias fascistas invadiram a sede do governo (Palazzo Marino) e expulsaram o conselho socialista.[88] Milão era o centro financeiro da Itália e havia alguns anos era governada pelos socialistas. O exército e a polícia fizeram vistas grossas. A invasão foi noticiada por jornais aliados à elite, como o *Corriere della Sera*, sem que a violência fascista recebesse qualquer palavra de desaprovação. Com isso as milícias fascistas se sentiram legitimadas para ocupar mais duas prefeituras: Trento e Bolzano. Mais uma vez, nem governo, nem exército, nem a polícia fizeram nada.

A *Alleanza del Lavoro* convocou uma greve geral entre 31 de julho e 7 de agosto de 1922, em protesto contra a violência fascista. Como o movimento era legal, nem governo, nem os empresários poderiam embargar o ato grevista. Uma vez que as milícias fascistas agiam à margem da lei, marcharam contra os grevistas e reprimiram a manifestação com extrema violência.[89] Os fascistas não só conseguiram acabar com a greve como viram a sua popularidade aumentar entre a pequena burguesia e a classe média. Mais uma vez, o governo não agiu para punir os fascistas.

---

88 SASSOON, p. 124.
89 IBDEM.

Mussolini se apresentava como único capaz de conter a violência dos fascistas; e, além disso, se dizia o único capaz de impedir uma guerra civil na Itália. Ele se coloca na posição de fazer a mediação entre as milícias fascistas e o governo. Embora fizesse repetidas promessas de que iria conter a violência dos fascistas, Mussolini fazia justamente o contrário. Incentivava cada vez mais as suas milícias a cometer ataques cada vez mais violentos. Como a polícia e o exército eram coniventes com esses atos dos fascistas, as milícias ficavam cada vez mais violentas e cada vez mais ousadas.

O aumento de popularidade dos fascistas, fez com que Mussolini percebesse que já era hora de assumir o poder. Em outubro, seria organizada a marcha dos camisas-negras sobre Roma. Fascistas de toda a Itália iriam se dirigir a Roma para o evento. Eles inclusive conseguiram o apoio do governo que subsidiou transporte mais barato para que esses grupos conseguissem chegar a Roma. Mussolini, que havia prometido fazer o papel de conciliador, fez, para surpresa de ninguém, o oposto. Ele incitou os manifestantes a ocupar Roma:

> Ou bem eles nos entregam o governo ou nós haveremos de tomá-lo, ocupando Roma. É uma questão de dias, talvez de horas (...) voltem para suas cidades e esperem nosso chamado. Se necessário, serão dadas ordens. Enquanto isso, podem se dispersar e manifestar sua solidariedade com as Forças Armadas: Viva l'Esercito! Viva il fascismo! Viva l'Italia! (...) Nós, fascistas, não queremos entrar no governo pela porta

dos fundos. No fim das contas, tudo pode ser decidido pela força, pois na história é a força que decide tudo.[90]

Luigi Facta, o então primeiro-ministro da Itália, temendo o avanço dos fascistas sobre Roma, e as consequências dos atos violentos que poderiam acontecer,- dessa vez resolveu agir. Para tentar evitar a marcha dos camisas-negras, propôs ao rei Vítor Emanuel III que assinasse um decreto impondo estado de sítio e lei marcial, que tornaria possível uma intervenção do exército para evitar o levante fascista.

Mussolini há muito tempo já havia conquistado a simpatia da monarquia, e a mera hipótese de que esse decreto fosse assinado acabou enfurecendo os fascistas mais ainda. O rei, para tentar pôr panos quentes, destituiu Facta e convidou Mussolini para assumir o cargo. Como a monarquia via os fascistas como os únicos capazes de impedir que os socialistas chegassem ao poder, o rei temia que uma repressão ao fascismo pudesse enfraquecer o movimento e abrir caminho para um governo socialista ou para a temida revolução comunista. O temor da monarquia era na verdade algo pueril, pois a esquerda encontrava-se dividida e as alas mais radicais, que queriam uma revolução comunista, eram muito pequenas e não tinham absolutamente nenhuma força para liderar uma revolução.

Em 31 de outubro de 1922, Mussolini tomou posse

---

[90] IDEM, p. 137.

como primeiro-ministro. Os italianos, já cansados da primeira Guerra Mundial e da instabilidade política e econômica que tomaram conta da Itália no pós-guerra, viram em Mussolini alguém que finalmente poderia trazer a paz para Itália e para a população.

Com a nomeação de Mussolini ao cargo de primeiro-ministro, ao menos a marcha sobre Roma dos camisas-negras acabou ocorrendo de maneira pacífica. Na realidade, mais ou menos pacífica, por que eles aproveitaram para atacar alguns socialistas notórios e saquear as suas casas durante o período em que estavam em Roma.

Para manter o apoio empresarial, Mussolini escolheu o liberal Alberto de' Stefani para o ministério das finanças. O período de de' Stefani como ministro foi caracterizado pelo *laissez-faire* à política de livre mercado. Sua política econômica reduziu a intervenção do Estado na economia, reduziu e simplificou os impostos, baixou a despesa pública e equilibrou o orçamento. Seu compromisso com a ideia de livre mercado era tamanho que ele acabou por enfurecer alguns empresários e industriais com o corte de alíquotas de importação, como a que protegia o açúcar nacional de beterraba.[91] Ele aproveitou o poder ditatorial de Mussolini para aprovar uma série de reformas que causaram um achatamento dos salários dos operários e uma perda no poder aquisitivo das famílias mais pobres.

---

91 PAXTON, p. 289-290.

CONCLUSÃO

O fascismo encontrou um solo fértil na Itália arrasada pela primeira Guerra Mundial, em 1919. Existia, entre muitos cidadãos italianos, o medo de uma revolução comunista tal qual havia acontecido na Rússia em 1917. O fascismo se apoiava no pavor das classes dominantes, do latifundiário e da pequena burguesia de que haveria um levante comunista. Havia uma crença generalizada de que a democracia só servia de fato aos interesses da elite econômica mundial. O fascismo se nutre de descrenças, ressentimentos, frustrações e medos. Ele capta esses sentimentos e os utiliza como seu combustível.

Esse regime autoritário aparece como necessário para conter uma grande ameaça que nunca é real. O fascismo é contrário ao ideal democrático liberal. Os opositores são invariavelmente silenciados, expulsos, presos, torturados ou mortos. Toda e qualquer oposição é reprimida com força e violência. Os governos fascistas têm como característica a concentração do poder e, uma vez que o detêm em suas mãos, uma das primeiras atitudes é minar todas as estruturas democráticas.

Mussolini e Hitler estão mortos. Os fascistas e nazistas perderam a guerra. Muitos deles foram ainda julgados e condenados. O saldo disso não foi positivo. Milhões de pessoas foram torturadas, aprisionadas e exterminadas, famílias inteiras foram destruídas.

Mas o fascismo continua entre nós.

A cada ano, vemos o surgimento de grupos que se dizem abertamente fascistas. Todos os dias assistimos à escalada ao poder de governantes agindo como se fossem Hitler ou Mussolini: ameaçam as instituições, intimidam e ofendem os opositores, propagam mentiras, se opõem aos direitos humanos e ao politicamente correto, atuam para dividir o povo, condenam a homossexualidade e o feminismo, negam a existência do racismo e do antissemitismo, perseguem jornalistas e professores, tentam controlar jornais e instituições de ensino, negam direitos a imigrantes e refugiados, destroem o meio ambiente, ameaçam dar golpe de estado e, por fim, se fazem de vítimas e fogem das suas responsabilidades.

Se nos comportarmos diante desses que ameaçam constantemente a democracia sem resistência e não levarmos a sério as suas ameaças e atitudes, estaremos nos comportando exatamente como aqueles que permitiram a ascensão dos fascistas ao poder. E, assim como eles, podemos um dia estar diante de uma terra devastada.

O filósofo e escritor Umberto Eco via com certa reserva a apropriação de meios de comunicação como a internet pelos neofascistas; ele chegou a afirmar que a internet poderia reverberar a resposta emocional de um grupo específico de cidadãos e que poderia ser apresentada e aceita como sendo a voz do povo.

Os fascistas tendem a ocupar as instâncias democráticas para minar as instituições por dentro. A internet, por seu caráter naturalmente democrático, acaba sendo um solo fértil para a ação dos fascistas. Os camisas-negras foram substituídos por milícias virtuais que agem da mesma forma: intimidam, ameaçam, perseguem, destroem reputação.

Mesmo as milícias de carne e ossos de Hitler e Mussolini costumavam se fazer parecer maiores do que realmente eram. Enquanto as pessoas se trancavam dentro de suas casas com medo da violência fascista, do lado de fora, o barulho que meia dúzia de milicianos provocavam era enorme, o que fazia com que eles parecessem grupos gigantescos. No mundo virtual, essa tática reaparece na forma de perfis falsos e robôs que fazem os fascistas parecerem mais numerosos do que são.

No livro, falei sobre várias características dos fascistas, mas deixei a principal delas para o final. Os fascistas não são invencíveis.

Eles vencem sempre que odiamos, somos intolerantes e mentimos. Toda vez que aceitamos ou compactuamos com discursos de ódio, com intolerância, estamos permitindo que o fascismo triunfe. Sempre que brigamos entre nós em vez de discutir política de uma maneira saudável, estamos permitindo que o fascismo ganhe o debate.

O combate ao fascismo não é apenas aquele combate que se trava nas ruas, mas é também o combate ao fascismo que está em todos nós. Essa é uma batalha que não podemos descuidar.

Sobre o autor

André Campos Mesquita nasceu em Franca, São Paulo, é pesquisador e pós-doutorando do Departamento de Letras Clássicas e Vernáculas da Faculdade de Filosofia, Letras e Ciências Humanas da USP, doutor em Linguística pelo Instituto de Estudos da Linguagem da Unicamp, mestre em Ciências pelo Programa de Integração da América Latina da USP, Bacharel e Licenciado em Letras pela USP. É professor de literatura e autor dos livros *Darwin, o Naturalista da Evolução* e *Comte, sociólogo e positivista*.